Learning × Performance

インプロする組織

予定調和を超え、
日常をゆさぶる

高尾 隆
◉東京学芸大学
中原 淳
◉東京大学

三省堂

Give your partner a good time !

はじめに

からだを動かして表現することによって、予定調和を超え、日常をゆさぶる。その可能性を、インプロ（即興演劇）をおこなっている組織をみることで考えていくのが本書のテーマです。

本書の筆者、中原と高尾は、大学でともに学んだ同級生です。大学卒業後、別々の大学院に進み、以来、十数年出会うことのなかった二人は、数年前に再び出会いました。中原は企業や組織を対象に、高尾は演劇を対象に研究をしてきました。そんなまったく別の研究対象を持つ二人が、なぜ再び出会ったのでしょうか？

学び――これが二人の接点となったキーワードだったと思います。中原は企業や組織での大人の学びを、高尾は演劇をもちいた学びを長い時間をかけて考えてきました。中原は、大人の学びに対話、協働、そして身体表現を接続させることで、新しい学びを切り開くことを試みてきました。高尾はインプロという演劇が学びをどのように変えうるのかをワークショップをおこないながら探っているうちに、企業や組織でワークショップをしないかと声をかけてもらうようになりました。ここが接点でした。

パフォーマティブにからだを動かすことが、今までにない学びをもたらし、それが繰り返される日常の中で凝り固まってしまっている組織、そして自分を、ゆさぶり、崩していってくれる。これが二人の仮説です。そして、それがどのようにおこなわれていくのか、そのプロセスをとらえたい。それが、二人の探究のテーマです。

しかし、このことを科学的に実証するのは、とても難しいということがわかってきました。それは、一つは、からだにまつわる事象が、きわめて実証や説明が難しいものだからです。ある場で、からだをもちいた活動によって、ある変化が起こったとします。そのプロセスの説明を試みます。しかし、その説明が正しいことを実証するのはほぼ不可能です。実証が難しいということ。それは、今まで科学があまり扱ってこなかったものでもあるということです。したがって、このようなからだにまつわる事象を説明する概念や言葉も十分にはありません。このことがからだの現場を読み解き、説明することを難しくしています。

そして、もう一つの難しい理由は、私たちが考えていきたいのが過去から現在のことでなく、現在から未来のことだからです。からだを社会的、創造的な意味で動かすことを人の学びや成長のために取り入れている組織・企業はまだまだ圧倒的に少数です。この本で取り上げられている事例は先進的な試みです。過去に積み重ねられてきた事例を科学的で学問的な概念を使って解釈し、説明するのは、科学や学問が得意とするところです。しかし、今、まさに起こりはじめているものから未来の可能性を描くのは、科学や学問はむしろ苦手にしていることです。こうだと言った瞬間に、何かがこぼれ落ちたり、うそっぽくなったりする。うまく説明できたと思ったら、何も説明していなかったりする。こういった壁に執筆しながら何度もぶつかりました。

けれども、だからこそ二人は、このリスキーで、学問としてはまっとうではないとみなされそうな、このような探究を挑戦的でスリリングだと感じています。

この本で一つの正解を提示することはできないと思います。そのかわりに、このような企業・組織で起こっている新しい学びの試みを描き、これからの企業・組織での新しい学びを探究していくうえでかかわってくるのではないかと二人が感覚的にとらえている、未実証で未完成のアイディアを盛り込もうと考えました。

読者のみなさんが、この本を読むことで、正解を得て安心を感じるのではなく、正解がわからない不安を抱きながらも、刺激を受け、この新しい学びに可能性を感じ、これから私たちとともに育て深めていっていただけると、二人はとても幸せです。

それから、本書ではじめてインプロという言葉を聞くという読者の方もいらっしゃるかと思います。その場合には、まず第3章をお読みになって、インプロ・ワークショップの具体的なイメージを持って、第1章、第2章を読まれたほうがわかりやすいかもしれません。

本書は完成までに、多くの方々のご協力をいただきました。インプロ・ワークショップをおこなう中でともに学ばせていただいた企業や団体のみなさま、とりわけ、株式会社瀬戸内海放送の加藤宏一郎代表取締役社長、そして社員のみなさまには、研修時から、そののちのインタビュー、そして最終的な原稿校正にいたるまで、たいへんお世話になりました。記録については、東京大学教育学研究科大学院生の園部友里恵さん、座・高円寺劇場創造アカデミー一期生の弓井茉那さんと山本清文さん、写真家の栗原大輔さんのお力をお借りしました。また、東京学芸大学の中島裕昭教授には、貴重なアドバイスやコメントをいただきました。そして、三省堂出版局の石戸谷直紀さんには、編集の労をとっていただくだけでなく、ワークショップの実際の部分の原稿づくりもしていただきました。その他、さまざまな方々のお力添えがありました。みなさま方に感謝申し上げます。

それでは、これから新しい学びへの旅をどうぞお楽しみください。

筆者を代表して　高尾　隆

目次

2 インプロ・ワークショップ 紙上ドキュメンテーション

参加者のコメント

装丁・本文レイアウト◎臼井弘志（公和図書デザイン室）
取材協力◎株式会社瀬戸内海放送
編集協力◎弓井茉那／山本清文／園部友里恵
写真撮影◎栗原大輔／石戸谷直紀

1章
からだを動かし、日常をゆさぶる パフォーマティブ・ラーニング

高尾 隆

自由は置き物のようにそこにあるのでなく、現実の行使によってだけ守られる、いいかえれば日々自由になろうとすることによって、はじめて自由でありうるということなのです。

（丸山真男『「である」ことと「する」こと』より）

1　組織・個人をゆさぶるインプロ

インプロ（impro, improv）とは、即興演劇のことです。脚本も、設定も、役も何も決まっていない中で、その場で出てきたアイデアを受け容れ合い、ふくらましながら、物語をつくり、場面を演じながらシーンをつくっていく演劇です。二〇世紀半ばにイギリスやアメリカで盛んになり、現在では世界中に広まっています。

私は一六年前にインプロに出会いました。一四年前にインプロの創始者の一人であるキース・ジョンストン[*1]に出会い、以後、彼のもとでインプロを学び続けるようになりました。そして、大学をはじめとして、学校、劇場、地域、福祉、心理などさまざまな場でインプロ・ワークショップをおこないながら、またインプロ公演で舞台に立ちながら、インプロについて探究してきました。

このようにインプロという演劇を教え、上演し、研究している私が、なぜかここ数年、さまざまな企業や組織から呼ばれるようになりました。働く人たちのためにインプロのワークショップをし

＊1　キース・ジョンストン(Keith Johnstone 1933-)：イギリスの劇作家、演出家、教師。カルガリー大学名誉教授。ロイヤル・コート・

シアターで俳優の訓練法としてインプロをつくる。一九七〇年代からはカナダのカルガリーに移り、インプロ劇団「ルースムース・シアター」を創立。長く芸術監督を務める。現在まで世界中でインプロを教えている。「シアタースポーツ」「ゴリラシアター」「マエストロインプロ」「ライフゲーム」などのインプロ公演の形式も開発した。戯曲に「The Last Bird」「The Cord」など。著書に『Impro』『Impro for Storytellers』など。

てほしいという依頼です。私にとってはとても不思議なことです。私が教えているのは演劇です。それを俳優たちではなく、ふだんは組織の中で働く「ふつう」の人たちが学んでいるのです。

このような研修をやってみようと考える企業や組織の人たちには、共通する意識があるのを感じています。このままではいけない、何かを変えなければならないというものです。社会の変化にともない、組織も生き残るために変化が必要になっています。組織が変わるということは、関係が変わり、そこで働く人々が変わるということです。しかし、どのように変わればいいのか、そして、どうしたら変われるのか、ということは、まだはっきりとは見えてきていません。

そのような現状の中で、今までの研修を変えなければいけないと感じている多くの教育・人材育成担当の人たちがいます。組織や個人の日常をゆさぶり、変化のきっかけをつくることはできないだろうか？　そう考えて、アンテナを張り、さまざまな情報を得る中で、今までの研修とはまったく違うインプロというものがあるということで、私を呼んでくださったのだと思います。そして、実際にやってみて、なにかよくわからないが、いつもの研修とは違うものが得られたと感じた人もいると思います。

では、インプロでからだを動かすことによって、組織や個人の日常はどのようにゆさぶられているのでしょうか？　それはなぜなのでしょうか？

これは、研修を企画した人たち、研修に参加した人たち、また研修をおこなっている私にも、まだはっきりととらえきれていないところです。研究も今までほとんどおこなわれていませんでした。演劇研究、教育・学習研究は、まだこの領域には足を踏み入れられてはいません。

私がインプロについて探究するときに、ずっと大事にしていた視点。それは「学び」です。インプロをしている人は何をどのように学んでいるのだろうか？　それは今までの学びとどのように違うのだろうか？　このことをインプロ・ワークショップの中で考えてきました。

この、学びについて考えることから、まずははじめていきたいと思います。

2 守るための学び

ネル・ノディングズ[*2]は『幸せのための教育』という本の中で、次のように言っています。「なぜ、頭がよく創造性に富んだ人で、学校を嫌っていた人がこんなに多いのでしょうか。こうした人々が不幸せなつらい目にあったことを示す記録が十分あるのに、なぜ、私たちは昔から次のようないい訳を続けようとするのでしょうか。『つらい目にあったことを、あれはよかったことだったのだ、といつか思う日がくるから』と。」

私自身もともと、学ぶということはつらいことだというイメージを持っていたように思います。大学に入るために、がまんしながら受験勉強をしていました。また部活動では、私は小中高と吹奏楽に打ち込んでいましたが、そこでも、コンクールでいい賞を取るために、つらい練習や先生の厳しい指導に耐えてがまんして練習してきました。

一人で、がんばって苦しみながら、あたまと言葉を使って、既存の知識を詰め込むために勉強すること（「勉強」とは中国語では、「学ぶ」という意味ではなく、「無理してがんばる」という意味だそうです）。これが、多くの人たちが長い間、学ぶことについて持っていたイメージだったと思

＊2　ネル・ノディングズ（Nel Noddings 1929-）：アメリカの教育哲学者。スタンフォード大学名誉教授。教育におけるケアの倫理についての論考は教育学に大きな影響を与える。著書に『ケアリング』『教育の哲学』『学校におけるケアの挑戦』『幸せのための教育』など。

います。

この学びは、「守るための学び」ということができると思います。守るのは、制度であり、文化であり、慣習であり、そして自分です。私のこれまでの学びは、大きくとらえるならば、これまで続いてきた既存の制度や文化を守る人間になるための学びだったでしょう。そのような守るための学びは、個人を管理する方向に働きます。そのことに息苦しさを感じながらも、「いつの日か」のために学んできました。

この守るための学びには、次のような考え方が背景としてあります。世界には一つの絶対的な答え（＝真実）があること。それを知っていさえすれば、失敗せずに行動できること。今までの世代が明らかにしてくれたものを次の世代が受け継ぐことができれば、次の世代も失敗せずにうまくいくこと。

組織でいえば、うまくいくためのやり方があるから、新人がそれを身につけさえすれば、組織は今のまま維持していける。だから新人は先輩たちのやり方を完全にコピーしなさい、という考え方です。

3 変えるための学び

私はおそらく、守るための学びの世界で、ある程度がまんしてやることができ、うまく乗り切れたのだと思います。もちろん、そこで高められた能力もたくさんあったと思います。しかし、のちになってふりかえってみたときに、ある疑問があたまに浮かびました。はたしてそのやり方しかなかったのだろうか？　と。

組織でも今、多くの人たちが、この学びのイメージに疑問を感じはじめているのだと思います。はじめは、先行きが不透明になり、これからどうしたらいいのかわからない状況で、先輩のやり方をそのままコピーするやり方ではうまくいかなくなってきたぞ、という現場の感覚だったかもしれません。それなら今までのやり方を微調整をすればだいじょうぶなのではないかと最初は思ったでしょう。しかし、ことはそんなに簡単ではなかった。もっと大きな問題が背後にひそんでいる。そう多くの人が感じはじめているのではないでしょうか？

私は、いろいろな人に話を聞いたり、本を読んだりしながら、守るための学び以外の学びはないのだろうかと考えてきました。演劇に出会い、インプロに出会ったのは、そのころでした。そういう背景があって、インプロと学びをつなげて考えるようになったのかもしれません。制度、文化、慣習、そして自分。そういったものを変えていく学び。個人を解放する学び。インプロで、からだを動かしながら学ぶことは、今までの学びをこのようなものに転換させることができるのではないか、と。

このような学びを、「守るための学び」と対比して「変えるための学び」と考えると、実は、この学びの転換は、学びのことだけにとどまる問題ではないのではと思うようになりました。人々が疑問に思ったのは学びだけではないのではないか？　これまでの世界の見方、つまり世界観に対して、私を含めた多くの人が疑問を持つようになったのではないか？　だから、その世界観を背景とした学びにも、疑問を持つようになったのではないか？　そう思うようになったのです。

そのようなときに、私は、ある二つの世界のとらえ方、世界観を知りました。これらが、私がもともと持っていた学びについてのイメージをゆさぶってくれました。これらは、現在、起こっている学びの転換を浮かび上がらせてくれるものでもあります。

4 現象学と社会構成主義

学びについてのイメージをゆさぶってくれた一つ目の世界観は現象学、そして社会構成主義です。もともとの伝統的な世界観は、一つの大きな世界があり、すべての人がその一つの世界の中に住んでいると考えるものです。その世界の中では、真実や事実は一つだけです。そして、それを正しく理解できている人と、できていない人がいる。学ぶことは、その真実や事実を正しくとらえること、あるいは、その真実や事実に少しでも近づくことだと考えられていました。だから、真実や事実を知らない人は、真実や事実を知っている人からその知識を正確に受け取ることが必要でした。また、真実や事実をゆがめてしまう、かたよったものの見方や考え方は直される必要がありました。

私が出会ったこれとは異なる世界観は、現象学[*3]というものでした。現象学的な世界観では、みんな同じ世界に住んでいるようでいて、実は一人ひとり違う世界に住んでいるのではないかと考えます。みんなが住む一つの世界がほんとうにあるかどうかは私たちにはわかりっこない。でも、自分たちが知覚し感じている世界は確かにある。だったらその自分の世界から物事を考えはじめよう。それが現象学の考え方です。

この現象学の考え方はさまざまな発展をとげました。例えば、そのうちの一つに現象学的社会学

*3 現象学：哲学者エドモンド・フッサールが生みだし、以後、発展してきた現代思想の一潮流。入門書の一つとして、竹田青嗣『現象学入門』をおすすめします。

があります。その祖といわれるシュッツ[*4]は、見る人が変わり、視点が変われば現実も変わる、現実は一つではなく多元的なものであるという「多元的現実論」を出しました。このような世界の見方では、目の前にある木も、他の人には私と違うように見えているかもしれません。愛という言葉も、他の人は私と違うように理解しているかもしれません。この世界では、事実や真実は複数です。

しかしそのような、それぞれの人が違う世界にいて、それぞれの人が見ているもの、信じているものが違うという世界では、人々の間で共有できる確かなものが何もなくなってしまいます。それでは、生きていくのが難しくなります。そこで、言葉というコミュニケーションの道具を使って、世界と世界の間に橋を架け、やりとりをしながら、何が事実か、何が真実かを決めていくことで、人々は安定した世界をつくろうとしている。そう考えるのが社会構成主義[*5]が提示する世界のとらえ方です。これは、バーガーとルックマンという二人の社会学者が発展させた考え方です。

この世界のとらえ方では、真実や事実ははじめから一つに決まっているものではありません。真実や事実は、すべて人々の間のコミュニケーションによってつくられていきます。例えば、豊かさとは何かというのは人によって違います。けれども、それについてコミュニケーションが積み重ねられていくと、豊かさとは何かについて、健康であることとか、お金の心配がないことなど、ゆるやかにまとまっていきます。

みんなが一つのものを見て同じように感じ、考えることが想定できた時代があったかもしれません。その時代は「大きな物語」があった時代ともいえます。しかし、現在はそのような「大きな物語」はなくなり、「小さな物語」がたくさん存在する世界になっています。このような現代の世界を説明しようとするときには、現象学的な世界観のほうがしっくりするかもしれません。

*4　アルフレッド・シュッツ（Alfred Schutz 1899-1959）：オーストリアに生まれ、のちにアメリカに移った社会学者。ウェーバーの理解社会学とフッサールの現象学を融合させる。著書に『現象学的社会学』など。

*5　社会構成主義：社会学者ピーター・L・バーガーとトーマス・ルックマンが発展させた考え方。二人の著書『現実の社会的構成』は社会学に大きな影響を与えた。入門書の一つとして、ケネス・J・ガーゲン『あなたへの社会構成主義』をおすすめします。

一〇代の人たちにワークショップで会う機会が多くあります。そのときにこのような現象学的な世界観、社会構成主義的な世界観について説明すると、とてもよくわかってもらえているように感じます。例えば、友だちとやり取りをするときにも、「友だちもきっと同じように考えたり、感じたりしている」という前提を置くことができない。だから友だちが言った言葉や、メールに書かれた言葉、表情やからだから出ているメッセージを丁寧に読み込み、友だちがどのような世界に生きているのかを推測する。そして、注意深く言葉を使って、なんとか共有できる安定した部分を構築しようとしていく。そのような世界に一〇代の人たちは住んでいるのだと思います。

「大きな物語」がない世界。そこでは、物事をどのように見るか、どのように考えるかをコミュニケーションをとりながらつくっていかなければいけません。しかし、逆に言えばそれは、自分たちで事実や真実をつくりかえていける世界です。例えば、豊かさについての今までの考え方が違うと思うなら、周りの人たちと話し合い、豊かさについてのあらたな考え方をつくればいいのです。人々の間のコミュニケーションを変えることができれば、今までの一つのものの見方を前提にしてつくられ固まってしまっている考え方を壊すことができる。そして、共有しているものの見方をつくりかえることができれば、事実や真実をつくりかえることができる。そのような世界観です。

5 批判理論

学びについてのイメージをゆさぶってくれた二つ目の世界観は批判理論[*6]というものです。

*6 批判理論：ホルクハイマー、アドルノといったフランクフルト学派の社会学者・哲学者たちが提唱した思想的立場。のちにハーバーマスなどの社会学者・哲学者がさらに発展させた。入門書の一つとして、仲正昌樹他『現代思想入門』をおすすめします。

批判理論は、学問や理論が、伝統的なものの考え方をとおして現実を見ようとするために、既存のものの見方や社会を正当化したり、強化したり、再生産したりする働きをしていることを指摘します。そして、これまで有利な立場に立っている人が、学問や理論を使って客観的、論理的に論じているように見せながら、実はそのことで自分の立場をより安泰なものにしようとしているということをあばいていきます。そして学問や理論は、伝統的なものの見方、伝統的な社会を守り、維持するためではなく、人間、社会、文化について批判的に問い直しながら、新しいものの見方をつくり出したり、社会を変えていくために使われなければいけないと考えます。

批判理論から世界をとらえると、世の中は見えない不公平にあふれています。世界のルールは、ある人にとって有利に、ある人にとっては不利につくられています。例えば、大学がすべての人たちに門戸を開いているように見えながら、ある人種の人たちがきわだって大学に入ることができていないということがあります。それは、大学入試で問われている知識が、実はある人種の人たちの文化には親和性の低いものだったりするからです。

さきほどの社会構成主義的なものの見方をとれば、事実や真実もコミュニケーションによってつくられています。したがって、学問的、理論的な知識をたくさん持っていて、コミュニケーションのルールを支配している人が、うまくコミュニケーションを誘導し、事実や真実も自分にとって都合のいいものにしていっています。批判理論の見方からすると、さまざまな人たちが自分たちの利害のために事実や真実を決める闘争に加わっているように見えます。

しかし、その闘争や不公平は見えにくくなっています。もしルールの不公平が見えてしまい、それがある人たちによって都合よくつくられていることがばれてしまったら、その不公平が糾弾され、有利な立場に立っている人がその立場を脅かされてしまうからです。したがって、有利な立場に立っている人は、その不公平をより見えにくいかたちにします。また、不利な立場に置かれている人がその不公平を感じなくなるように、不公平に対して対抗しないように育てたりもします。そうすると、不利な立場に置かれている人は、うまくいかないときにも「運が悪くてそうなんだ」「自分のせいでそうなんだ」というふうに考えるようになります。さきほどの、大学にある人種の人たちが入りにくいという場合でも、「それは自分たちに能力がないからしかたないんだ」と思わされるようになっています。たとえそれが不公平なルールのために、そう追いやられてしまっているとしても。

批判理論はそのような不公平と、それを見えにくくしようとしているものの存在を次々と暴露していきました。変革が必要だけれども、もしほんとうに変革してしまうと今の自分の有利な位置が脅かされてしまう。だから口先だけで「変わろう」と言いながら、ほんとうのところは変わろうとしないことで自分を守る。そのような権力的な立場にいる人のふるまいも批判理論は明らかにしました。例えば、現代の日本の政治や官僚制を見ていても、このようなところが感じ取れるかもしれません。

6 学びをとらえ直す

私は、この現象学／社会構成主義と批判理論という二つの世界観があることを知りました。そして、その世界観から学びをとらえ直してみると、学びが今までと違って見えるようになりました。

文書やプレゼンテーションで一方向的に伝えられる情報を記憶する学び方は、全員が同じ世界に住んでいて、同じように考えたり、感じたりすることができるという世界観にもとづいています。しかし、今や、同じ情報がすべての人に同じように伝わるということは想定しにくいでしょう。また、この学び方では、学んだ情報をこれから起こりうるさまざまなシチュエーションに応用することは難しいでしょう。真実や事実を自分たちがコミュニケーションによってつくりかえることができるという社会構成主義的な前提がないからです。したがって、自分たちで、未来に向かって何かを変えていったり、新しくしていったりすることは困難になるでしょう。

例えば、学校では講義型の授業で教師から生徒にたくさんの知識が浴びせられます。以前なら、そうすれば教師の持っている知識が生徒に移植できると考えることができたかもしれませんが、今ではそれは難しいかもしれません。また、浴びせられただけでは生徒たちはこれから生きていくうえでこれらの知識を活用することはできないでしょう。また、時代がめまぐるしく流れ、変わっていく中で、学校で与えられた知識が古くなって役に立たなくなったとしても、自分で知識を探してきたり、自分たちで新しい知識をつくりだすことはできないでしょう。

さらにこの学び方では、知識を伝えるほうは、自らのふるまいを見直すことはないでしょう。知識を受け取るほうも、そのことにまったく疑問を持たないか、疑問を持ったとしてもそれをがまんして受け入れることになるでしょう。しかし、このかたちで伝えられている真実や事実は、伝える側が持つ真実や事実です。批判理論的な見方をとれば、このかたちは、伝えるほうが自分に都合のいい真実や事実を伝えることができ、しかもそれに対して受け取るほうは逆らうことなく受け入れなければならない、とても不公平なかたちになっているといえます。でも、このかたちは疑問を持たれることなく続いていきます。もし伝えるほう、受け取るほうが疑問を持ってしまっては、この情報伝達のシステムが崩壊してしまうためです。受け取るほうは、たとえ今は不満があっても、もしこのまま耐えていれば、いつか行きたい大学に入れたり、やりたい仕事ができたり、たくさんのお金がもらえたりすると想像することで耐え続けることができます。ひょっとしたら、やがては、自分も伝える側に回れるかもしれないとも想像します。

学校でいうならば、教師は毎日生徒に教科書に載っている知識を伝える中で、「自分が伝えている知識は何なんだろう?」「誰がつくっているものなのだろう?」「これを伝えている自分の意味は何なんだろう?」とふりかえったり、疑問に思ったりすることはなくなります。たとえ「なにかおかしいな」と思っても、そんなことを考えてもどうにもならないので、黙ってがまんします。生徒たちも「なぜこれを学ばなければいけないのか」など、疑問に思ってもしかたがないので、とりあえずその疑問にはふたをして勉強します。将来、学ばせられるほうではなく、学ばせるほうになることを夢見て。

こう考えて、自分が持っていた疑問を乗り越えるとっかかりが見えてきたような気がしました。学ぶ人たちが未来に向かって何かを変えたりつくったりできる学び、ある人が見えないところで真実や事実をつくってしまうのではなく、学ぶ人たちが自分たちで真実や事実をつくっていくことができる学びを創造するにはどうしたらいいのか? これが取り組むべきテーマであるということが見えてきました。

現在、企業や組織では、応用すること、変えていくこと、新しいものを創造することこそが求められています。もし社会構成主義的な視点から見れば、人々が双方向的なコミュニケーションをとり、その中で、自分たちの考え方を変えることで、今まで当たり前に思えていた事実を新しい事実に変えていかなければなりません。しかも、批判理論的な視点から見れば、管理職やベテランが有利な立場にいて、しかも口が立つので、うまく言葉をあやつり、「変革しなさい」「もっと創造的な組織になりなさい」「文句を言うまえにもっと自分のできることを見つけて変えていったらいいじゃないか」などと人に言いながら、実際のところは自分たちは変わらなくてもいいようにして、今の位置に安住している状況を変えなければなりません。

学びの限界を打ち破るためには、今まで学びから排除されていたさまざまなものを見つけだし、その側からもう一度学びを検証し直す必要があるかもしれません。学びから排除されたものは、有利な立場に立っていた人が、これらのことが学びに入っていると自分たちを守っている既存のルールが脅かされ都合が悪い、と考えて排除した可能性があるからです。

例えば、学校を考えてみると、多くのことが排除され、禁止されています。自分の好きな格好をすること、自分のペースで時間を過ごすこと、好きなときに友だちと話すこと、先生に言いたいことを言うこと、言いたくないときには黙っていること、遊ぶこと、歌うこと、食べたり飲んだりすることなどなどたくさんあります。しかし、これらの中には、時と場合によっては、変えるための学びを促進するものがあるのではないでしょうか？　もちろん、今の日本の教育は世界的にみてとても成功しているし、それが教育にたずさわる人たちの努力によって成し遂げられてきたことだと私は思っています。今すぐ学校をなくしたほうがいいとか、学校で禁止されているものを全部許可するべきだとはまったく思っていません。しかし、このままでずっとこの先も、学校が子どもたちの豊かな学びを引きだせるかどうかというと、これには疑問を持っています。そして、これは学校だけではなく、企業や組織などのあらゆる近代のシステムについてもいえることではないでしょうか。

学ぶことを、苦痛から快楽に、水をためるイメージから火をつけるイメージに、知識をためることから知や行動を生みだすことに転換するために、今、多くの人たちが立ち上がり、さまざまなやり方を模索しはじめているのだと思います。

そして、この転換のために、これまで学びから排除されてきたもののうち、最も大きなものに目を向けなければならないときが来ています。それは「からだ」です。

7 社会人がからだを動かすということ

企業や組織において今まで、学ぶことはほとんど言葉によるものでした。その言葉による学びに限界が感じられる。だから、これまでの言葉からのアプローチを変えて、からだからのアプローチにしよう。そう考えるのはおかしくはありません。では、そもそも社会人は今までからだをどのように考えてきたのでしょうか？

社会人もからだを動かさないわけではありません。日本の社会人がからだを動かすしかたにはいくつかの大きな傾向があると思います。そのうちの一つは、ジムでのトレーニングやゴルフ、テニス、ランニングなどのスポーツ的なからだの動かし方です。からだを鍛えて、健康を崩さないことで、仕事をし続けることができるという考え方です。また一つはヨガや禅などの東洋的身体作法からのからだのとらえ方です。からだを柔軟にリラックスさせておくことによって、落ち着いた精神、思考を手に入れようという考え方です。

このようなからだのとらえ方の背後には、多くの場合、まず、あたまとからだを分けて考える考え方があります。そして、仕事はあたまでするすることであり、からだはそのための手段ではあるが、基本的には関係ない、そういったあたまが主でからだが従という考え方があります。あたまとからだの関係は、あたまがからだを操作し、管理するという、〈あたま→からだ〉の一方向の関係です。

特に知識産業、情報産業に従事する人は、仕事はあたまを使ってやることだから、あたまを使って仕事をする際にからだに邪魔されたくないと考えます。肩が痛かったり、腰が痛かったりしたら、長い間椅子に座って仕事ができません。内蔵の調子が悪くて気持ち悪かったらあたまが働きません。足の具合が悪くなったら移動ができません。すぐに疲れたら長く働けません。だから、そうならないように、からだを鍛えたいと思います。また、精神鍛錬によって、集中力をつけたり、からだの訴えをなだめてごまかす術を身につけたりし、多少からだが何か言っていても、それを無視して、あたまを働かせて仕事ができるようになりたいと思います。からだに邪魔されないすばらしいあたまを手に入れたい、あたまを邪魔しないすばらしいからだを手に入れたいという欲望です。

社会人が、スポーツ的に、あるいは東洋的身体作法的にからだを動かす背景には、多くの場合、こういった考え方があったのではないでしょうか。仕事はあたまを使ってするもの。しかし、からだの調子が悪くなったら、あたまの思うようには仕事ができなくなる。だから、からだを管理できるようにしておこう。そういう考え方です。

インプロのワークショップでも、からだを動かします。しかし、企業や組織でインプロのワークショップをやろうと思った人は、からだの調子をよくしたいからとか、からだの具合が悪くても仕事ができるような強い精神力を身につけたいからインプロを取り入れたわけではないと思います。

硬直している個人、硬直している組織をゆさぶって、変えていかなければならない。けれども、そのために今まであたまでどうこうやってきたことは、あまりゆさぶることにつながっていない。だから、インプロでからだを動かして表現することで、硬直しているものをゆさぶろうと考えているのだと思います。それは言わば「表現するからだ」です。

インプロでからだを動かして、日常の自分や組織をゆさぶる。もし、それができるとするならば、そのときにからだはどのようにかかわっているのでしょうか？

8 からだの両義性

このことを考えるために、私は、新しいからだのとらえ方がほしいと思うようになりました。あたまで操作するからだではない、からだのとらえ方はないのか？　そう考えていたときに出会い、多くの示唆を与えてくれたのは、メルロ＝ポンティ*7の身体についての思想でした。メルロ＝ポンティの思想はたいへん難解といわれます。私もメルロ＝ポンティを部分的に読んで触発されたり、概説書を読んだりといった学び方で、メルロ＝ポンティについて正しく完全に理解ができたとはまったく思っていません。しかし、インプロを実践するときのヒントを数多くもらいました。

メルロ＝ポンティから最も触発されたのは、からだを二つの面があるものとしてとらえようとする見方でした。まず、からだは意識の源です。主体であり、見る側です。からだがなければ、何かを考えることはできません。これは「主体としてのからだ」ということができると思います。それと同

*7　モーリス・メルロ＝ポンティ（Maurice Merleau-Ponty 1908-1961）：フランスの哲学者。後期フッサールの現象学を継承し発展させた。特に身体についての思想は、のちに哲学だけでなく、演劇や舞踊などの舞台芸術にも大きな影響を与える。著書に『知覚の現象学』『見えるものと見えないもの』など。入門書として、鷲田清一『メルロ＝ポンティ』、『メルロ＝ポンティ・コレクション』の解説（中山元「メルロ＝ポンティの〈身体〉の思想」）をおすすめします。

時に、からだは物理的な意味での物でもあります。客体であり、見られる側です。からだがなければ、何かを感じることはできません。これは「物としてのからだ」ということができると思います。

このように、からだには主体として面と、物としての面があります。主体だけのからだ、物だけのからだはありません。そして、主体と物は常に表裏です。からだは、主体でありながら、同時に物でもある、そういう両義性を持っています。とても不思議なものです。

ちなみに、脳も主体としての側面と、物としての側面があると私は考えます。脳はからだのすべてに命令を出す司令塔ととらえることもできます。これは主体としての側面です。なんとなく元気が出なくてからだが重いときにも、からだをしゃきっと動かそうとすることもあります。一方、脳をからだから収集された感覚的な情報を統合する臓器ととらえることもできます。これは物としての側面です。おなかが痛いときに、何を考えようとしてもネガティブになってしまうこともあります。

また、言葉もそうです。言葉にも、主体であるからだが発する一般的で論理的で抽象的な言葉があります。その一方、物であるからだをとおして発される具体的で情感的で行動的な言葉もあります。例えば、経営の世界でストーリーテリングが注目されています。これはまさにこの文脈であったのではないかと思います。役職や立場から血の通っていない冷たい言葉で語るのではなく、一人の人間としての血の通った熱い言葉で語ろうという動きだと私はとらえています。

さて、主体としてのからだ、物としてのからだですが、これは固定されているものではありません。それぞれ変わっていくものです。そして、その変わっていく過程で、主体としてのからだと物としてのからだは、ときに、ずれることがあります。例えば、これをするべきだと考えているのに、からだが重くて動かないとき、あるいは、これをするべきではないと考えているのに、からだがうずらずしているときなどはわかりやすいでしょう。ずれがないときには、からだは気にとめられることはありません。しかし、ずれが生じると、それまでは気にとめられなかったからだが意識されます。

そのとき、からだはずれを戻し、同一性を回復しようとします。この回復のしかたは大きく分けると二つあります。主体が物を変えるというしかたと、主体が物にあわせて変わるというしかたです。からだが重いけど、やらなきゃだめだと考えてやることもあります。からだが重いから、やらないほうがいいのかなと考えてやめることもあります。どちらの場合も二つは統合され、再び一つになります。

DEARMS COME TRUE の「すき」という歌に、次のような歌詞があります。「抱いた膝に次々にこぼれるしずく／そっか　私／ずっと　泣きたかったんだ」。この詩でいうと、何も考えていないのに、涙がこぼれ落ちるというずれから、それまで意識していなかったからだを意識します。そして、私は泣きたかったんだ、悲しいんだと考えて、主体と物に分かれていたからだが一つに統合されます。

このようにずれたり、統合したりを繰り返すことで、主体としてのからだ、物としてのからだは変化し続けています。これがあるからこそ、からだは、そして自分は固まらずにいられるわけです。そして、このずれが、リフレクションやコミュニケーション、創造性の源泉であると私は考えています。リフレクション（reflection）は、日本語では「反省」「省察」「ふりかえり」といわれるものです。ずれているときに、人はふりかえって考えます。また、そのことを人と話したくなったりします。ずれを統合するために、今までに思いついたことのないことをあらたに創造したりもします。

自分のアイデンティティも、この主体としてのからだと物としてのからだの間にあります。アイデンティティとは、もともと同一性という意味です。主体としてのからだと物としてのからだの、ずれと統合のダイナミズムの中で、自分はゆさぶられ、またあらたにつくりかえられていくのです。

9 メディアとしてのからだ

この主体としてのからだと物としてのからだのずれがいちばん浮かび上がって見えてくるのは、他の人と直接会ってかかわるときです。なぜなら、他の人とかかわるときに、人はからだを使って表現をするからです。そして、それが他の人に見られ、フィードバックが返ってくるからです。

他の人と直接コミュニケーションをとるとき、人は物としてのからだを使います。声も表情も姿勢も、すべて物としてのからだによってつくられます。いわば、物としてのからだはコミュニケーションにおいてはメディアでもあります。人は他の人の物としてのからだを見たり、そこから発せられている音を聞いたりします。そして、そこに主体を認識します。例えば、目の前の相手が涙を流しているのを見て、相手の悲しさを認識します。主体としてのからだは表現するからだ、物としてのからだは表現されたからだともいえます。しかし、からだをもちいて表現するときには、表現するからだと表現されたからだをきっちり分けることはできません。主体としてのからだが悲しいから、物としてのからだを操作して涙を流すというふうにはなっていません。主体であるからだと物であるからだは、相互に溶け合っているのです。

ところで、これがまたからだの不思議なのですが、からだがメディアとなっているときには、主体としてのからだと物としてのからだのずれが、本人も知らないうちに、はっきり出てしまっていることがあります。

主体があることを表現したいと思っているとします。しかし、その主体が表現したいと思っていることとまったく違うことを、物としてのからだが発していることがあるのです。主体がこうしたいと思うように完全に物は動きません。例えば、この人を敵に回したくないからと、主体が顔を笑顔になるように動かします。でも腕が組まれてこの人とかかわりたくないというメッセージが同時に発せられたりします。

しかし、現代社会の公的な場においては、このずれは注目されることはほとんどありません。なぜなら、現代社会において、物としてのからだが出す矛盾したメッセージは、主体であるからだが操作して消してしまうか、それが完全にできなければ無視することになっているからです。例えば、「わかりました」と言っている人の声がふるえていたとしても、言う人はそのふるえをなんとか消そうとしますし、相手はそのふるえを判断には使わないことにします。

現代の企業社会では、ある人の主体を、その人があらわす文字や論理から判断するのが、ふつうになっています。文字はたくさんの情報を伝えられますし、論理は一義的に情報を伝えることができます。しかし、文字や論理では、うそをつくことができます。嫌いな人に対してでも「あなたが好きです」という文字を送ることはできます。

けれども、物としてのからだを見ると、嫌いな人に対して「あなたが好きです」と言うときには、からだの重心が後ろにかかってしまいます。目の瞳孔は小さくなってしまいます。「あなたが好きです」という言語情報から推測される主体としての自分と、重心や瞳孔の大きさといった物としての自分が表現していることが矛盾しています。

このような矛盾が表面に出てしまうと、企業社会では、事を進めるのにやっかいです。だから、物としてのからだが表現してしまっていることは、なるべく主体としての自分が操作して消すようにする。そして、それでも出てしまうものは無視することにするというふうにしてきました。物としてのからだが表現するものより、主体としてのからだがより操作、管理しやすい言語情報と論理を使って意思が伝達されます。

長く、物としてのからだから生まれる表現を無視するルールの中にいると、主体と物が矛盾したメッセージをずっと出し続けていても、当人は気づかなくなります。また、もしこの矛盾したメッセージに気づいたとしても、主体がむりやり操作して消すか、無視するかを続けていると、ついには物としてのからだは主体としてのからだに屈服し、何も感じなくなり、何も表現しなくなり、生気を失ってしまうでしょう。すると、ずれが起こらなくなるので、主体も変わらなくなってしまいます。からだは硬直化し、自分も硬直化します。

例えば、やりたくない仕事を続けなければならず、最初は重い気持ちになったり、ついその場から離れたくなったり、しかめ面になったりしていたとしても、長くそれを無視し続けていると、そこにずっといられるようになってきます。でも、そのときには顔は無表情になり、感受性もなくなってしまっているでしょう。

からだ以外のものをメディアにしたときにも、ずれは起こるかもしれません。例えば、手紙で相手に何かを伝えるときに、主体が伝えようとしていることが、筆がすべって違う言葉になるということがあるかもしれません。しかし、それはあったとしてもごくわずかでしょう。一つは文字を使っているので、そこで表現されていることを主体が操作しやすいこと、もう一つは渡すまえに見直すことができるので、そこで表現されていることを主体がチェックすることができるからです。この場合は主体がごまかすこともいくらでもできるでしょう。しかし、からだを使ってその場で表現したときは、ごまかしがきかないぐらいの明らかなずれが人々の目の前にあらわれます。しかも、自分のからだがやっていることなので、人のせいにもできません。逃れようがありません。

インプロのワークショップでは、矛盾したからだの表現をたくさん見ることができます。二人でソファーに座ってシーンをやってもらいます。シーンがはじまり、顔は笑顔で、フレンドリーな言葉を相手役に向けて発しています。でも、足を相手と反対の方向に組んでいたりします。足を反対の方向に組むというのは、相手との間に壁をつくりたいというメッセージになります。演技においては、このようなからだの表現は大きな意味を持ちますので、私がそのことを指摘します。すると、それを聞いてはじめてその人は、自分が足をそのように組んでいたことに気づいたりするのです。ふだん職場でもっとお互いのことを受け容れ合おうと呼びかけている管理職の人がいたとします。その人も加わってグループでシーンをしてもらうと、その管理職の方が相手から出てきた言葉に対して、全部「いや、それは……」というふうに否定的に返したりします。インプロでは、このことをブロッキング（blocking）といいます。ブロッキングがあると、物語が先に進まなくなってしまうので私が指摘します。すると、そのときにはじめて自分がシーンの中でブロッキングをしていたことに気づいたりします。このように、うまくいっていると思っていても、からだを動かしてやってみた瞬間に、矛盾が出てきてしまいます。主体ががんばってつくってきたメッキがはがれてしまうといってもいいでしょう。

その訳は、一つ目に、インプロが物としてのからだをメディアにして表現するものだからです。からだを使って表現すると、主体としてのからだがコントロールできなかったものもあらわれてきます。二つ目に、インプロに演じることが含まれているからです。演じることとは、自分の物としてのからだだと、演じる役の物としてのからだを近づけることによって、役の主体に迫ろうとする営みです。例えば、ロミオを演じるときには、ロミオの格好をし、ロミオの言葉をしゃべり、ロミオらしくからだを動かします。すると、ロミオになったような気がしてきて、ロミオはこんなふうに考えていたのかなとわかったりします。演ずるという行為では、自分のいつものからだを、いつもと違うように動かそうとします。そのようななじみのないことをやってみて、それがなかなかうまくできないことで、逆にいつもの自分のからだが浮かび上がってくるのです。そして三つ目に、インプロが即興だからです。事前に主体と物の矛盾があらわれないように何度も練習をして人前に出すということができません。事前にチェックすることもできません。だから、矛盾がそのままあらわれてしまいます。

主体としてのからだと物としてのからだに矛盾がないときには、からだが特に注目されることはありません。矛盾があったとしても、物としてのからだを無視しているときには、からだが特に注目されることはありません。しかし、インプロで、人に見られている中で、からだの矛盾があらわれたときには、人から見られているという意識と、また見ていた人からのフィードバックによって、その矛盾が本人に強く突きつけられます。このときに起こるのがリフレクションです。

インプロで矛盾が表にあらわれてしまったときに起こるリフレクションは、ただシーンやゲームがうまくいかないというレベルにとどまりません。「いったいなぜ自分のからだはこのように動いてしまうのだろうか?」「日々の自分のからだも知らないうちに同じような表現をしているのではないだろうか?」「日常でもあたまで考えたり、口で言ったりしながら、でも実際はぜんぜんできないのではないだろうか?」このような、当たり前になってしまってあらためて考えることもなかった日常の自分のことも考えざるを得ないようなリフレクションを引き起こします。

しかし、リフレクションだけでは、硬直化しているからだは、なかなかその硬直から解放されません。からだを硬直から解放し、再び自分をゆさぶり、つくりかえられるようにするには、どうしたらいいのでしょうか?

そのときには、主体が物を動かすことだけでなく、物が主体を動かすという逆の方向も考えなければならないのではないか、そう考えるようになりました。主体が物を変えることもでき、物が主体を変えることもできるからだ。メルロ＝ポンティの言葉を借りれば、可逆性を持ったからだです。

10 パフォーマティビティ——パフォーマンスとアイデンティティの循環運動

物であるからだを変えることによって主体であるからだが影響を受け、変わっていく。考えから行動がつくられるだけでなく、行動から考えがつくられていく。物を変えることでそれと表裏一体である主体が変わり、また主体が変わることで表裏一体の物が変わるような、そのような循環を生みだすことができないだろうか?　そのことこそが学びであると、学びを再定義することができないだろうか？　そう考えていたときに出会ったのが、ジュディス・バトラー[*8]のパフォーマティビティ（performativity）という概念です。

バトラーは、女であること、男であることというのは、生まれながらに決まっているものではないと考えます。生まれてから女の子らしく、男の子らしくふるまうこと、言いかえれば、女らしさのパフォーマンス、男らしさのパフォーマンスをすることを期待され、そのパフォーマンスを繰り返していくうちに、女、男がつくられていく。そう考えました。

これはジェンダーだけではありません。社会の中で生きている人たちは、ある自分を演じ、表現するパフォーマンスをしています。そして、そのパフォーマンスを繰り返しているうちに、だんだん自分がそのようになっていきます。最初は、パフォーマンスという一時的だったものが、だんだん固定化され、実体化されていきます。企業人であったら、最初は企業人らしくふるまうよう周りから期待されたり、あるいは、企業人らしくふるまえなかったことで怒られたりしながら、企業人らしいパフォーマンスができるようになっていきます。すると、それによってだんだんと自分が企業人らしくなります。そうすると、特に意識しなくてもそのパフォーマンスが企業人らしくなります。そうして、最初は一時的な「ふり」だったものが、やがて、パフォーマンスもアイデンティティも企業人として固まり、実体となっていくのです。

そして、どのようなパフォーマンスをするかということは、多くの場合、自分の意志で決めているのではなく、周りの期待に沿おうとしたり、周りの期待に背いて罰を与えられることによって決まっていきます。

この、パフォーマンスによって自分がつくられて、それに沿ったパフォーマンスがおこなわれ、

*8　ジュディス・バトラー（Judith Butler 1956-）：アメリカの思想家。カリフォルニア大学バークレー校教授。ジェンダー研究において大きな功績を残し、今なお活躍している。著書に『ジェンダー・トラブル』『触発する言葉』など。入門書の一つとして、サラ・サリー『ジュディス・バトラー』をおすすめします。

それによってまた自分がつくられ……というように、パフォーマンスとアイデンティティがつくられていく循環運動のことをバトラーはパフォーマティヴィティと呼びます。

その循環の息苦しさにくさびを打ち込み、乗り越えるために、バトラーは、自らがおこなっているパフォーマンスについてふりかえり、その循環をずらすパフォーマンスを仕掛ければいいのではないかと考えます。もともと自分はパフォーマンスによってつくられたもの。だったら、今までと違うパフォーマンスをすることによって、固まった自分にひびを入れ、解体し、あらたに再構築していけるのです。そして、周りの人が自分を見る目が変わり、そのことによってさらに自分が崩され新しくつくりかえられ、それによってパフォーマンスがさらに変わり、それによってまた周りの人の目が変わり、そのことによってまた自分が変わり……、という循環をつくりだしていけばいいのです。

しかし、日常の社会生活の中で、いきなりパフォーマンスを変えれば、周りの人はそれに驚き、それをやめさせようとしたり、あるいはそれでもやめない場合は、その人を抑圧したり排除したりしようとするでしょう。

そのときに演劇的な場が機能します。演劇の場は、日常の場とは切り離された非日常的な場です。日常の中に、一時的に演劇の場を設け、そこで何かいつもと違うことをしたとしても、周りの人は、それをやめさせようと圧力をかけてきたりはしません。むしろ、日常と違うそのパフォーマンスを見て、おかしいと笑ったりするでしょう。

バトラーは、固まった枠組みにゆさぶりをかけるパフォーマンスは、おかしくて（パロディ的）、意味がわからない（攪乱的）ものだといいます。ジェンダーにおいては、例えば、ドラァグクイーンの派手な衣装と化粧のパフォーマンス、ゲイ・パレードのパフォーマンスは、意見を正面から言っているわけではありません。しかし、そのめずらしさを楽しんでいるうちに、それまで自分が当たり前に持っていた女や男についての枠組みでは理解できないものが多数となって、いつのまにか当たり前がずれていき、結果、自分の持っていたジェンダーについての考えのほうが変に感じられるようになって、ゆさぶられてしまいます。

ジェンダーの場合だけでなく、演劇的なパフォーマンスは、当たり前になっている日常を違和感のあるものにし（別の言い方をすれば異化し）、日常で当たり前になっているものの見方をゆさぶったり、崩したりするでしょう。その意味で、演劇的なパフォーマンスは、批判性を持ったものなのだと思います。

ここで、パフォーマンスとパフォーマティビティの違いについてもう一度整理しておきましょう。パフォーマンスとは、主体であるからだが、物であるからだをとおして、他者の前に何かを差し出すこと（実行すること、表現すること）であるといえます。このとき、パフォーマンスという言葉は、〈主体としてのからだ↓物としてのからだ↓他者〉という一方向的で部分的な流れだけをとらえています。「今日の課長のスピーチはパフォーマンスだったね」というときのパフォーマンスは、主体であるからだが、物としてのからだを使って、他の人にうまく見せたということをあらわしています。また、「来月はもっとパフォーマンスを高めないと」という、業績という意味でのパフォーマンスも、主体であるからだが、物としてのからだを使って、まえの月よりいいものを出すということを意味しています。そのときには、自分ははじめから存在している、変わることのない固定的なものととらえられています。また、物をうまく使って主体をよりよく見せようという意味も含まれています。このときには、表面上はうまく取り繕っていますが、主体は何も変わりません。パフォーマティビティという言葉は、〈主体→物→他者〉という一方向的な流れだけでなく、〈主体／物であるからだの表現→他者から見られる→主体／物であるからだが変わる→あらたな他者への表現がつくられる〉という、主体、物、他者の間で自分が変わり、新しいパフォーマンスがつくられていく循環運動をあらわしています。おわることのない変化と創造のプロセスです。

では、この循環を生みだすものは何なのでしょう？　ここに私は、ずれと、そこから生まれるリフレクション、コミュニケーション、創造性が大きくかかわっていると思います。からだを動かすだけではなく、それが物としてのからだをメディアとしたコミュニケーションとなっているときに、それを見た他の人からリアクションが返ってきます。主体であるからだと物であるからだの間にずれが起こり、自分のパフォーマンスと相手のリアクションの間にずれが起こります。そして「そのずれはいったい何なのだろうか？」というずれ自体についてのリフレクションが生まれます（そのリフレクションは、ただねらったとおりにうまく動けたと喜んだり、ねらったとおりにはうまく動けなかったと落ち込んだりするというレベルのリフレクションではありません）。そして、今までにやったことのない新しいことをやってみようとします。それが自分の変化につながっていくと思います。

今までの積み重ねにより固まってしまっている、物でもあり主体でもあるからだ。実生活とは切り離された非日常的で実験的な場で何かを表現することによって、そのからだが表現する矛盾を浮かび上がらせる。それによって、存在の根本にまでかかわるリフレクションが引き起こされ、からだにゆさぶりがかけられる。そして、からだが表現するものが見直され、表現が変わっていく。そのことが積み重ねられていくことで、からだが物の面でも、主体の面でも変わっていく。そういうイメージが見えてきました。

11 パフォーマティブ・ラーニングへ

パフォーマンスすることで自分を崩し、そして再びつくっていくこと。それを私は学びととらえたいと思っています。そして、そのような学びを私はパフォーマティブ・ラーニングと名づけたいと思います。

このパフォーマティブという言葉に、私は二つの意味を込めます。

一つ目は、まずはからだを動かして表現してみようということです。考えているだけ、口でしゃべっているだけでは、気持ちは多少すっきりするかもしれませんが、自分は何も変わりません。行動は何も起こらないし、結果も何も変わりません。もしからだを動かして表現すれば、そこから、物であるからだがゆさぶられ、それと表裏である主体であるからだもゆさぶられ、変化していく可能性があります。

二つ目は、他者へ向けて表現することで、他者とコミュニケーションをし、からだが生みだしたずれについて、ただからだをうまく動かせたかというレベルではないリフレクションをし、創造的に自分を変えていこう、自分を解体し、再構築していこうということです。

学ぶことをパフォーマティブにとらえることによって、学ぶことは知識を詰め込むだけではなく、からだを動かして表現する、それが何かを表現し、それが周りの人に影響を与え、そのことによって当たり前になってしまっていることを批判的に考え直して、変化を引き起こし、また新しい行動を生みだしていく。そのような、からだで行動すること、表現すること、変化すること、創造することの循環となります。これが、パフォーマティブ・ラーニングであると考えたいと思います。

12 パフォーマティブ・ラーニングを生みだすインプロ

からだを動かして表現することによってパフォーマティブ・ラーニングを生みだすことができるのではないか？ そして、パフォーマティブ・ラーニングが日常をゆさぶることができるのではないか？ これが、現時点での仮説です。

それでは、インプロはこのパフォーマティブ・ラーニングを生みだすことができるのでしょうか？ 私はその可能性を大いに感じています。

それには、インプロでいう自然発生と検閲が大きくかかわっているように思っています。

無理に考えることなく、パッと瞬間的にアイディアが出てくるということを、インプロでは自然発生（spontaneity）といいます。力ずくで生みだすのではなく自然に意識しないでポンと生まれてくることです。これは、言ってみれば、主体としてのからだと物としてのからだの間に生まれたアイディアです。自然発生の状態のときにはただ楽しんで熱中してやっているだけのことが多く、やらなければいけないとか、努力しなければならないとかはあまり考えていません。からだは快さを感じています。アメリカの心理学者チクセントミハイがいうフローにも似ていると思います。

しかし、がんばってやろうとしているときや、いいものを生みださねばならないと力が入っているときは、うまくやらなきゃとか失敗しないようにという気持ちが強くなります。すると、自分の中に住む批評家が現れ出てきます。そして、自然に浮かんだアイディアを言ってもいいか、やってもいいかをチェックします。この批評家がやる仕事を検閲（censorship）といいます。

いいものでなければならないと思っているときには、失敗するリスクを避けたいと考えるようになります。すると、少しでも失敗しそうなこと、リスクがありそうなことをすべて避けようとします。すると、自分から生まれてきたアイディアのほとんどが否定されます。がんばっているときは、自分が自分を信じられていない状態です。物としてのからだの管理がはじまります。ひねり出している感じになり、自然発生の状態からは遠くなり、苦しくなっていきます。そして、やがて、この自然発生が消えてしまいます。このとき、主体としてのからだと物としてのからだのやりとりが消え、からだは固まってしまいます。

この検閲は恐怖によって起こります。恐怖を感じているときには、他の人から自分がどう見えているのか、他人が自分のことをどう評価するかを考えています。固定したものである自分をどうよく見せるかという、一方向的で狭い意味のパフォーマンスになっています。

からだを管理し支配しようとしたときに、主体は物がやったことの責任までとろうとします。からだを管理して、予想外のことが起きないようにします。そして、自分の内側から予想外のことが生まれて、自分がゆさぶられたり、自分がつくりかえられたりするようなパフォーマティブな営みがなくなります。

また、からだが固定化してしまったときには、他者や環境から与えられたものに対して、からだが反応しなくなり、そこから新しいパフォーマンスが生まれることもなくなってしまいます。からだが勝手に反応して、パフォーマンスしてしまっては、他者に否定的に評価されるものが生まれてしまうリスクがあるからです。だから、からだが勝手に反応しないように管理します。

この管理されたからだをもし解放させることができるなら、自然発生的な反応が再び生まれ、そこから新しいパフォーマンスが生まれ、自分がつくりかえられていく、パフォーマティブな循環が再びはじまるのです。

インプロは、この「評価を気にし、失敗を恐れるあまりに、管理されてしまったからだ」を解放し、再び他者や環境に開き、それらに自然発生的に反応し、表現を生みだせるようにするにはどうしたらいいかを、実践レベルでずっと考えています。もし、それができるようになれば、自分をゆさぶり、崩し、つくりかえていくことができるのです。そして、インプロを見る観客は、演劇を味わうのと同時に、日常では見ることのできない俳優の生き生きとしたからだ、生き生きとしたかかわり合いを見て楽しむのです。インプロに出会った人たちの多くが、このようなことを可能にするインプロの可能性を感じているのだと思うのです。

次に考えるべきは、では、組織という場において、インプロがどのようにパフォーマティブ・ラーニングを生みだしているのかということです。インプロは組織の日常を、そして組織に生きる人々の日常をどのようにゆさぶっているのでしょうか？

そのことについて、次の章でさらに考えていきたいと思います。

※冒頭の言葉の出典――丸山真男『日本の思想』岩波新書、一九六一年。

◉参考文献

- Johnstone, Keith, *Impro*, Routredge, 1979.
- Johnstone, Keith, *Impro for Storytellers*, Routledge, 1999.
- ネル・ノディングズ『幸せのための教育』山﨑洋子・菱刈晃夫（監訳）知泉書館、二〇〇八年。
- ネル・ノディングズ『ケアリング』立山善康・林泰成・清水重樹・宮﨑宏志・新茂之（訳）晃洋書房、一九九七年。
- ネル・ノディングズ『教育の哲学』宮寺晃夫（監訳）世界思想社、二〇〇六年。
- ネル・ノディングズ『学校におけるケアの挑戦』佐藤学（監訳）ゆみる出版、二〇〇七年。
- 竹田青嗣『現象学入門』ＮＨＫブックス、一九八九年。
- アルフレッド・シュッツ『現象学的社会学』森川眞規雄・浜日出夫（訳）紀伊国屋書店、一九八一年。
- ピーター・Ｌ・バーガー、トーマス・ルックマン『現実の社会的構成』山口節郎（訳）新曜社、二〇〇三年。
- ケネス・Ｊ・ガーゲン『あなたへの社会構成主義』東村知子（訳）ナカニシヤ出版、二〇〇四年。
- 仲正昌樹・清家竜介・藤本一勇・北田暁大・毛利嘉孝『現代思想入門』ＰＨＰ研究所、二〇〇七年。
- Ｍ・メルロー＝ポンティ『知覚の現象学１』竹内芳郎・小木貞孝（訳）みすず書房、一九六七年。
- Ｍ・メルロー＝ポンティ『知覚の現象学２』竹内芳郎・木田元・宮本忠雄（訳）みすず書房、一九七四年。
- Ｍ・メルロ＝ポンティ『見えるものと見えないもの』滝浦静雄・木田元（訳）みすず書房、一九八九年。
- 鷲田清一『メルロ＝ポンティ』講談社、二〇〇三年。
- Ｍ・メルロ＝ポンティ『メルロ＝ポンティ・コレクション』中山元（編訳）、ちくま学芸文庫、一九九九年。
- ジュディス・バトラー『ジェンダートラブル』竹村和子（訳）青土社、一九九九年。
- ジュディス・バトラー『触発する言葉』竹村和子（訳）岩波書店、二〇〇四年。
- 『現代思想二〇〇〇年一二月号　特集＝ジュディス・バトラー』青土社。
- 『現代思想二〇〇六年一〇月臨時増刊号　総特集＝ジュディス・バトラー　触発する思想』青土社。
- ジュディス・バトラー「パフォーマティヴ・アクトとジェンダーの構成」『シアターアーツ』第三号　吉川純子（訳）晩成書房、一九九五年。
- サラ・サリー『ジュディス・バトラー』竹村和子・越智博美・山口菜穂子・吉川純子（訳）青土社、二〇〇五年。

2章
企業でインプロを実践することの意味

中原 淳

優れた知性とは二つの対立する概念を同時に抱きながら、その機能を充分に発揮していくことができる、そういったものである。

（スコット・フィッツジェラルド『The Crack-Up』より）

パフォーマティブ・ラーニング
――インプロの可能性

第1章で私たちは、本書の基本的骨格（モティーフ）をなすような、いくつかの概念に出会いました。今一度、それを要約するのであれば、そこには重要な二つのポイントが存在するように思います。

第一のポイントは「個人レベルで起こる〝身体〟と〝主体〟の循環的変化」です。身体を動かして表現すること（パフォーマンス）をとおして、個人（思考）に変化があらわれ、そのことが、また身体の変化につながり、またそのことが個人の変化につながる……。

私たちは、パフォーマンスと主体との間にあらわれる、このような循環的な変化のプロセスを、「パフォーマティビティ」という概念でとらえうることを知りました。これが第一のポイントです。

第二のポイントは、第一のポイントの延長上に存在します。既述しましたように、第一のポイントでは、パフォーマンスと主体の関係に焦点があたっていました。しかし、こう言ってしまうと、パフォーマンスは、一見、「個人に閉じた活動」のようにも見えます。しかし、実際はそうではありません。なぜなら、パフォーマンスはそれを見て、感じてくれる他者（聴衆）が存在しなければ、〝成立〟はしないからです。つまり、パフォーマンスは、個を超え、他者に拓かれたものとして存在することを、最初から宿命づけられているのです。[*1]

ここに第二のポイントがたちあらわれます。それは「主体―主体（他者）間の循環的変化」です。さきほど述べましたように、身体を動かして表現することが、他者にも向かわざるを得ないのだとすれば、そこには、パフォーマンスをおこなう主体と、それを見る他者との間にも、変化の連鎖が起きることになります。パフォーマンスによって、他者の中に変化が起きます。その変化によって、パフォーマンスが変わり、主体が変わります。

かくして、これら二つの循環は、ちょうど〝メビウスの輪〟のようにつながりはじめます。「変化」がいわば「生命」のように躍動しながら、連鎖しはじめるのです。

パフォーマンスをすることで、パフォーマンスをする主体が変わり、パフォーマンスを見ている人が変わる。見ている他者の変化は、パフォーマンスをおこな主体の変化につながり、さらには、それを見ている他者にもつながっていく……という具合に、それぞれがゆるくつながりながら、いわば「生態系」のように機能しはじめます。そこに生まれうるのは、いわば「変革の生態系」ともいうべきダイナミズムです。

畢竟、パフォーマティブ・ラーニングとは、身体を動かし表現することを他者とともに愉しむことをとおして、自己を変化させ、自己の周囲にいる他者にも変化をもたらすことなのです。そのことを通じて「変革の生態系」を生みだす可能性があります。

＊1　イギリスの演出家・映画監督ピーター・ブルック（Peter Stephen Paul Brook 1925-）はかつて、演劇行為の成立条件―見る人と見られる人の相互作用―を言いあらわす言葉として、このような名言を残しています。「どこでもいい、なにもない空間―それを指して、わたしは裸の舞台と呼ぼう。ひとりの人間がこのなにもない空間を歩いて横切る、もうひとりの人間がそれを見つめる―演劇行為が成り立つためには、これだけで足りるはずだ」（Brook 1971）

かつて、ユーリア・エンゲストロームという学習研究者は、学ぶことを「個体の変化」ととらえることを強く拒絶しました（Engeström 1999）。学ぶこととは「自己が変わる」だけではなく、「自己の周りにあるさまざまな物事を変えること、変化は有機的につながり、その中で個体も変わること」である、ととらえたのです（エンゲストロームは、それを「学習活動」という専門用語で呼びました）。つまり、学ぶことは「（自己が）変わる」という「自動詞的世界」には完結しないということです。それは「何か」を「変える」という「他動詞的世界」を体現することなのです。身体を動かし表現することは、そのための一つの「きっかけ」であり、「意志」なのです。以上が、私たちが前章で得た本書のモティーフでした。

本章第2章で、僕は、このようなモティーフを、私たちが〝生きる日常の風景〟にひきつけて考えたいと思います。まず、「身体を動かし表現すること」では、あまりに抽象的ですので、具体的な素材として「インプロ」をとりあげることにしましょう。また、その舞台を、私たちが日々仕事をする企業・組織に置いてみましょう。

前章で見たようにインプロとは「即興的な演劇」のことです。それは「脚本・設定・配役が決まっていない中で、その場でつくられる演劇」のことをさします。インプロは、じわじわと、昨今、企業の中で実践されはじめています。以下、僕はみなさんと、企業でインプロを実践する意味について考えてみることにします。

インプロが人々の話題にのぼるとき、それは「組織の中に、新しいものの考え方や見方をもたらす可能性がある」とされます。それは、いったい、なぜなのでしょうか。そもそも、組織は、なぜ、今、インプロを実践しようとしているのでしょうか。その意味を、僕の専門である経営学習論

(Management Learning) の観点から、再度、意味づけてみましょう。インプロの導入や実践を「組織と個人の関係」という「古くて新しい観点」から考えることこそが、この章のめざすところです。

とはいえ、この意味をみなさんと考えていくまえに、僕は、いくつかの「理論的概念」をまえもってみなさんと共有しておきたいと思います。それが「組織社会化」「過剰適応」「心理的安全」「内省」「異化」という概念装置です。これらの概念を、さしずめここでは、こうとらえておきましょう。

まず、組織社会化とは「新しく組織に参入してくるメンバーに、組織の目的を達成するために必要な知識・価値観を獲得させ、組織適応をはかること」です。人が組織に新規に参入するときには、必ずこのプロセスをくぐります。

「過剰適応」とは「組織社会化によって、個人が組織に適応しすぎてしまうと、個人は創造性を失い、またそういう個人が増えていくことで、組織が硬直化してくること」をいいます。一般に、硬直化した組織は、変化に対する柔軟な対応力を失っていくといわれています。

「内省」とは、「個人が、これまでの自己・自己が置かれている状況や環境のあり方をじっくりと見つめ、ふりかえり、意味づけ、さらには未来を構想すること」です。大人は折にふれて、内省をおこなわなければ、自らの成長やキャリアを描くことはできないといわれています。

「異化」とは「自分が慣れ親しんだものごとを、いったん離れること、ずれること」をいいます。そして、「心理的安全」とは「その場で失敗や失態をおかしてしまっても、他人から責められることがないという感覚」のこととお考えください。

人は、多くの場合、組織と無縁で生きていくことは難しいものです。学校、大学、会社、NPO……人がつくる組織には、たくさんの種類がありますが、私たちは、日々、こうした組織のメンバーとして仕事をしたりしています。また、あるときには、新たな組織に参加したり、ある組織から離脱したり、そういう出入りを繰り返しながら、これまで生きてきました。

組織に人が外部から参入しようというとき、必ず、この「組織社会化」という問題が起こります。組織に入ったときに感じる「違和感」「リアリティショック」をどのように解消し、どのように組織に順応するかが問題になります。

いったん組織に順応した人々は、次第に、そこでの仕事のやり方が日常の風景のように慣れ親しんだものになっていきます。参入したときには、あれほど違和感を感じたものにもかかわらず、いったん組織に慣れてしまうと、それが無色透明のもののように感じます。しかし、それが行きすぎると、今度は別の問題が生じます。いわゆる「過剰適応」の問題です。組織に人が適応しだすと、今度は個人が創造性を失っていきます。創造性を失って、組織のために生きることしかできぬ個人が増えていくと、組織はどんどんと硬直していき、組織自身も変わること自体を拒絶するようになっていきます。

そして「異化」とは、そういう「個人が慣れ親しんだ光景」に、いったん「裂け目」を入れるような「危険」な行為です。「異化」を経験したからには、人はじっくりとその意味をふりかえり、しっかりと意味づけをおこない、未来を構想する必要があります。また、異化や内省をおこなうためには、それをおこなっている最中に、背後から刃を向けられることのない安心・安全な空間（心理的安全）が必要になります。そういう安心・安全な場でこそ、はじめて人は日常を対象に思索をめぐらすことができるのです。「心理的安全」とは、そういう「危険・リスク」をおかす際に、確保していなければならない「セーフティネット」のようなものだとお考えください。

以上をまとめ、結論から申し上げますと、インプロ・ワークショップを企業で導入することの意味は、組織に慣れ親しんでしまった（組織社会化・過剰適応）人々に、心理的に安心できる空間の中で（心理的安全）、身体の動きをとおして、自己や組織メンバーにゆらぎやゆさぶり（異化の機会）を与え、じっくりと内省をうながすことにあると僕は考えています。そのことで、再び、自己・組織に変化のきっかけを与え、活性化することができるかもしれません。

以下、この詳細を見ていくことにしましょう。

組織社会化される人々

今年も多くの新入社員が真新しいビジネススーツに身をつつみ、入社式に緊張した面持ちで参加している様子がテレビで放映されました。壇上には社長や経営陣。不確実性のあふれる現代社会において、組織を率いていく責任を有する彼らの表情は、厳しく、険しいものです。一方、新入社員は、どことなくまだ学生の感覚が残っています。これらの光景は、毎年テレビなどで繰り返されている、いわば「風物詩」のようなものかもしれません。

入社式を終えた新入社員たちは、この後、企業によって期間の長短はありますが、いわゆる新入社員教育を受けます。そして、多くの場合、数ヶ月後には職場に配属されていきます。

教育機関から職業機関へ、大学生から社会人へ。こうした移行のプロセスのことを、研究の世界では「School to Work Transition（学校から職業領域への移行）」と呼ぶことがあります。この移行を円滑にする組織からの「働きかけ」が、さきほど冒頭でご紹介した「組織社会化」という概念です。ひと言で言えば、「新入社員をあの手この手を使って〝組織人〟にする活動」ということでしょうか。組織論においては、一九六〇年代から研究がはじまり、これまで数多くの知見が生みだされてきました。

新人にとっての組織社会化を促進する働きかけには、さまざまなものがあります。新人研修、経験、職場の上司・メンバーからの働きかけやフィードバックなど、その働きかけの種類は枚挙に暇がありません。もちろん、新人自身も単純に、会社や他者からの働きかけを受動的に引き受けている存在ではありません。彼自身も、いわば混沌とした初期の組織イメージを「クリア」なものにするべく、さまざまな方法を使って情報を探索しているのです。

組織社会化の働きかけの中で、最も象徴的で、かつ、誰もがイメージしやすいのは「新入社員教育」でしょうか。

新入社員教育では、一般に組織の知識、事業の知識、ビジネスの基本、PDCAやホウレンソウなどの仕事のやり方などの基礎的知識や価値観を獲得させられます。社長や経営陣、各職場のリーダーが研修を受け持ち、事業の概要、職場の紹介などをおこなうこともあります。新卒一括採用が雇用慣行として根づいている日本の会社においては、だいたい四月から一ヶ月から数ヶ月、新入社員研修が実施されます。多くの場合、そのプロセスの中で適性を判断され、新入社員教育を終えた新人は、それぞれの職場に配属されます。そこでは、なるべく早く効率的に、職場に慣れ、仕事を覚えることが求められます。

話が少しだけ横にそれますが、僕は、これまで一〇年弱ほど大学の教員をやってきました。社会に出て行く学生たちの後ろ姿を見ていて、いつも興味深く感じているのは、この「School to Work Transition」や「組織社会化」のプロセスです。

それまで「学生」であった人々が、いかに組織の中で「社会人」になっていくのか。初々しい学生の感覚の残る人々が、どのように組織に順応していくのか。研究柄、そのようなプロセスにとても興味を覚え、学生を注意深く観察しています。

入社後しばらくして、大学を再び訪れる元学生には、印象深い変化があります。その一つが彼らの「名刺の渡し方」の変化です。彼らが学生であったときの「名刺の渡し方」と、社会人になったあとの「名刺の渡し方」には、微妙な変化があることに気づきました。

最近の学生は、大学在学中にも、NPOやNGOなどのさまざまな社会機関、あるいは学会活動とかかわっている人が数多くおりますので、名刺を持っている人が少なくありません。しかし、その名刺の渡し方は、社会人になるまえと、なったあとでは微妙に異なるのです。

変化は、例えばこのような感じです。彼らが学生であったころの、名刺の渡し方とは「背中をピンと伸ばして、スッと名刺を相手に差し出し、堂々とかつスマートに名刺を渡す」感じです。

それに対して、社会人になったあとは「背中を丸めて、何度も、名刺を持っている手と首を上下にゆらして、名刺を渡すようになる」人が少なくありません。おそらくは、「相手に、へりくだった印象」を与えるようにして、名刺を渡すやり方を、新人研修において、あるいは、職場にいる先輩や上司などのやり方をロールモデルとして獲得しているのだと思います。

そして、この身体の変化こそが、「組織社会化の象徴」に他なりません。さきほど僕は、「組織社会化とは、知識や価値観を獲得して、組織に適応すること」だと述べました。しかし、これらの個人の内部に起こる変化は、なかなか「目」に見えません。頭の中の知識・価値観の変化は、外部から他者が観察することはできないのです。

しかし、身体の変化だけは、外部から他者が目で確認することができます。かつて、演出家で演劇教育実践家のアウグスト・ボアールは、人が企業・組織内で仕事をしていくことによって身体・筋肉に変化が受けることをさして、「筋肉的疎外」という概念を提案しました。

人は、自分がなしている労働に応じて、少しずつ身体が変化し、立ち振る舞いが変わってきます。その仕事、その仕事ごとに強張る筋肉の部位が異なり、獲得されていく立ち振る舞い方も異なってきます。ゆっくりと、だが確実に、ひたひたと、本人のあずかり知らないところで、「学生としての身体」は、「社会人としての身体」「会社化された身体」に変化していくのです。

かくして、初々しかった学生たちの身体が、「会社化された身体」として外部から観察可能になるころには、彼らは、いつの間にか「うちの会社は……」という言葉を使うようになりはじめます。「組織の業績」に貢献するべく、個として成果を求められ、働くことになります。

組織社会化の「諸刃の剣」
——メリットとデメリット

新人研修を終え、職場に配属され、一心不乱に仕事をこなし、少し周りが見えてくるのは入社三年目くらいでしょうか。そのころになると、下に後輩ができ、いっぱしの部下指導をおこなう場面も出てきます。

だいぶ周りが見えはじめたとはいえ、今日も、仕事の現場は「修羅場」です。大量の情報が襲います。他部門との交渉、タフな顧客の相手……そこは、さまざまな「葛藤」や「矛盾」が襲いかかる「不条理な世界」です。

学生時代、私たちは「道理の世界」を生きていました。正しいものは正しく、間違っているものは、やはり間違っている。そこには多くの場合、「唯一の答え」が存在しています。しかしいったん社会に出ると、人は、葛藤と矛盾が跳梁跋扈する「不条理な世界」を生きることになります。そこでは、「世の中において正しいこと」が、「その場において正しいこと」とは限りません。また、「世の中において通用すること」が、「その場において通用すること」でもありません。人は、葛藤や矛盾を抱き、なんとか、それを両立させようと試みて、少しずつ少しずつ、組織人として「成長」します。やがて、部下指導する立場に上がってきます。

数々の易しくはない仕事、難しい事業の立ち上げなどの業務経験を積み、なんとかかんとか、それらを乗り越え、一五年もたったころには、マネジャーの肩書きが名刺に刻まれる人も出てくるでしょう。

このころになると、一五年まえに持っていた「初々しさ」「学生の感覚」はすでに消失しています。積み重ねられる「経験」によって、強化されていく業務知識、仕事の価値観。しかし、そのおかげで、一年目や二年目では考えられないほど業務をうまく回せるようになっています。

しかし一方で、このとき人は「厄介なもの」も身につけてしまっていることも、また事実です。知識が増え、価値観が強化され、さらに「組織人」らしくふるまえるようになっていくということは、「メリット」と「デメリット」をともに持ち合わせているのです。

特に意識をかたむけることなく、むだなく自動的かつ順調に仕事をこなしていけるというメリットがある一方で、その組織でしか通用しないような特有の思考形式、用語、ステレオタイプを獲得し、なかなか、そこから抜け出せなくなります。すぐに「組織」のこと、「既得権益」のこと、これまで経験してきた「葛藤」や「矛盾」が脳裏に浮かび、新たな考え方、新鮮な思考をおこなうことが難しいというデメリットも抱え込むことになってしまうのです。こうしたことがらを専門用語では「過剰適応（overconformity）」と呼びます。過剰適応とは、組織社会化が進行しすぎて、個人が創造的な思考をできなくなること、さらには、そうした個人が増えていくことによって、組織自身が、日々変化する外部環境に柔軟かつ早急に対応できなくなることをいいます。換言すれば、非創造的な個人、硬直した組織を生みだしてしまうことなのです。

過剰適応した個人は、「うちの組織の常識」が「唯一絶対の解」だと思ってしまう。自分の会社のやり方が、「唯一の万能なやり方」に見えてしまう。そして、それ以上の俯瞰的目線で、自分の仕事を見つめられなくなってしまうのです。その様相は「文化的無自覚」と形容できるかもしれません。人は、自分の組織の文化・慣習を絶対化し、無自覚になっていくのです。

極度に過剰適応し、極度に文化的無自覚になってしまった個人は、場合によっては、過去の成功体験にしがみつき、それを永遠に繰り返そうとします。そうした状態を、松尾睦氏（神戸大学）は「能動的惰性」と呼んでいます（松尾 2011）。

もし、仮にそういう人々の多くいる職場に「革新的なアイディアを持つ創造的な個人」が新規参入者として外部から入ってくると、どうなるでしょうか。彼は、おそらく「創造的な人」というラベルではなく、「異端児」「問題児」というラベルを貼られることになるでしょう。「うちの常識」「うちの会社のやり方」に合わない人は、ことごとく、「正しくはないもの」として処遇されることになります。

かくして、組織は硬直化していきます。これまでのことを、これまでどおり、これまでのようにこなす個人たちの集合によって、外部環境に全く対応できない組織が生まれるのです。

このように、私たちは、組織社会化は、組織にとって必要不可欠のものである一方で、看過できない「負の側面」をあわせ持っていることを十分に認識しておかなければなりません。組織社会化は、いわば「諸刃の剣（double edge sword）」です。組織社会化の働きかけをとおして、個人は順調に仕事をこなし、組織は日々のオペレーショナルな事業をこなすことができるようになります。しかし、その一方で、それによって、さまざまなものを失うのです。

もし、あなたの組織が硬直化したとしても、外部環境が不変で、組織が卓越した商品やサービスを安定的に供給することで利益をあげることができるのであれば、組織社会化の「デメリット」は、デメリットとして現前しません。

しかし、世の中の変化が激しい場合にはそうはいきません。顧客の志向性が常に変化する。新たなマーケットを常に開発しなければならない。そうした変化が激しい世の中においては、新しいアイディアや思考が浮かばない個人が、組織内に増えること、組織が硬直化してしまうことは、致命的であると言わざるをえません。

かつて、生産量さえ増やせば、物が国内でどんどん売れた時代には、組織は、商品やサービスの提供量を「安定的」に「増加」させることに注力しました。そのような時代でしたら、「組織社会化の完成」は、文字どおり「成功」を意味していました。

＊2　生産性が求められているので社員を早急に組織に適応させることを促さなければならない一方で、組織に過剰適応することを防止しなければならない。現代の会社・職場のリーダーが求められていることは、まことに葛藤・矛盾に満ちたことだと言わざるをえません。しかし、既述しましたように、社会は「不条理」なのです。一見相反する矛盾した要請をいかに両立できるか。会社の知性・職場リーダーの知性が試されています。

しかし、現代はそういう時代ではありません。外部環境や顧客の志向性の変化は激しく、次々と新しいものが求められます。新しいもの、新しいサービス、新しい事業が、企業の競争優位を生みだす源泉になっています。

かくして、これまでの商品やサービス、それを支えるオペレーションを守りつつ、同時に「エッジの効いた新たな物事」を創造していくことが、企業・組織には求められます。

しかし、組織社会化の完成した個人、そしてその結果、硬直してしまった組織には、そのことが難しいのです。ものの見方がステレオタイプ化し、新しいことをしようとしても、なかなかアイディアが浮かびません。もし、そうした考えが浮かんだとしても、今度は組織が革新的なアイディアを阻みます。「能動的惰性」に毒された個人たちの集合によって、新しいアイディアはひねり潰され、闇に葬り去られるのです。

今、私たちは、何らかのかたちで、「慣性軌道（イナーシア）」を脱出し、いったん「外部の視点」から日常を見つめ直したり、「内省」したりする機会が必要になるのです。

今、私たちが直面していることは、何らかのかたちで、個人をゆさぶり、組織をゆさぶることなのです。

もちろん、これらの「ゆさぶり」の中心地として、まず想定されるのは、私たちが長い時間を過ごす「職場」です。日々の業務・職場で、リーダーが、革新行動をおこない、職場をゆさぶり、個人にフィードバックを返すことが、その主な手段であることは言うまでもありません。能動的惰性を有してしまった個人に刺激を与える。硬直化しつつある職場をゆさぶる。これこそが、現代の職場のリーダーに求められることの一つです。[＊2]

しかし、いったん職場を離れてできることにも可能性があります。仕事の手を止めて、日々、「慣れ親しんだものに裂け目を入れる」機会も注目されてよいはずです。その可能性の一つにあげられるのが、本書のテーマであるインプロなのです。

異化と内省の機会としてのインプロ

本書のテーマでもある「インプロ」は、心理的に安全な雰囲気のもとで、組織社会化されてしまった個人に、日常を「異化」する機会を提供することであると筆者は考えています。こうしたプロセスをとおして、「自分たちが、今、置かれている状況」を深く「内省」することがめざされています。

内省には、さまざまなレベルがあるといわれています。最も日常的で、身近な内省は、業務の革新サイクル、いわゆる「ＰＤＣＡ（Plan-Do-Check-Action）活動」のように、①今おこなっている仕事のやり方が正しいのか、そうでないか、を問うようなレベルの内省です。例えば、今、仮にあなたが出版業界で働いているとするならば、「本をなるべく早くつくるために、今の編集作業を見直すなら、どこを変えるか?」というレベルの内省ということになるでしょう。

さらにもう一つ深いレベルの内省とは、②「自分が仕事をしているその環境、状況そのもの」を対象に思索をめぐらすようなものです。専門用語では、こうした深いレベルの内省のことを「批判的内省（critical reflection）」と呼ぶこともあります。さきほどの喩えを使うのであれば、「本をなるべく早く出すことは、ほんとうによいことなのか?」「出版者の仕事とは、本をつくることなのか?」ということになります。そして、クオリティの高いインプロでは、日々の業務サイクルの見直し以上の、「批判的内省」を駆動することが可能になりますし、僕は、そこに意味があるのだと感じています。

一般に、これまで企業におけるインプロの意義は、二通りの語られ方がありました。

第一には、インプロを「ロールプレイング」としてとらえる説明です。この説明のロジックは、世の中のすべての対面コミュニケーション場面は、すべて即興的であるから、即興的な場面を人工的に構築し(インプロ)、トレーニングで、その場に対応できるスキルが獲得できる、というものです。ある状況で学んだことを、別の状況にも活かしていけるという考え方を、学習研究においては「転移(transfer)」といいますが、ここでの「インプロ」は、まさに「転移を促進する手段の一つ」です。

第二の説明は、インプロを「職場の風土づくり」のためにもちいる、という考え方です。このロジックによれば、インプロはこのように説明されます。「最近の職場はギスギスしているので、インプロなど、たわいもないことをみんなでやれば、仲良くなることができるのではないだろうか」

やや牧歌的な雰囲気が漂うこちらの説明も、とりわけ、職場の人間関係が希薄化し、職場メンバーの孤立が問題となっているような場所においては、決して意義がないわけではないでしょう。

第一の説明、第二の説明を、ともに、僕は否定するわけではありません。しかし、現在の企業経営が抱えている課題、その本質を考えた場合、もう一つ別の「高次な解釈」に取り組む必要があるのではないか、と考えます。

それが、さきほど述べたような「異化と内省の機会としてのインプロ」という解釈です。そこでめざされるべきことは「文化的無自覚性」「能動的惰性」を獲得してしまった個人を「ゆさぶること」。硬直化して変化できなくなった組織を「ゆさぶること」。つまりは、組織社会化の負の側面である「過剰適応」に抗うことです。

インプロの反転世界
——五つの特徴

それでは「異化と内省の機会としてのインプロ」は、どのような特徴がある活動なのでしょうか。ひと言で言えば、それは「私たちの組織で働く日常生活」をちょうど裏返しにした活動、いわば「反転世界（flipped world）」である、ということです。

第一に、インプロは文字どおり「即興的」な活動です。インプロでの演技、コミュニケーションには「筋書き」がありません。「筋書き」がないばかりか「出たとこ勝負」。まさにそのつどそのつどの状況に応じて、舞台をつくりあげることが求められます。

対して、私たちの通常業務は多くの場合「出たとこ勝負」「どんぶり勘定」は許されません。目標管理、長期戦略、中期計画というように、常に私たちは「前」を予測し、それに従って「計画」を立て、そのとおりに実行することが求められています。ひと言で述べるのならば、私たちの日常の姿勢は常に「前のめり」なのです。これに対して、インプロでは、計画するのではなく、即興的かつ局所的な対応が求められます。

第二に、インプロは「創造のために」身体をもちいる行為です。そこでは、即興的に意味がつむがれ、他者と共有されます。これに対して、（特に製造業においていえることですが）会社にとって「個人の身体」とは「生産のための手段」です。

例えば、工場で工員は、製品を後ろのベルトコンベアに移すときに、右回りに振り返ってそれをおこなったほうが効率的なのか、左回りに振り向いたほうがよいのかを、職場メンバーで考察し、秒単位でコスト削減に取り組んできました。そうした血のにじむような努力の果てに、現在の日本の繁栄が存在することは言うまでもなく、先人たちの努力に敬意を払いたいと思います。

一方で、インプロがもちいる身体とは、「生産」のためではなく、むしろ、新たな意味・新たな創造行為に取り組ませることがめざされます。

パフォーマンススタディのジョン・マッケンジーという研究者は、かつて「パフォーマンス」という言葉を二つの意味において使いました（McKenzie 2001）。これまでの企業は大量生産、大量消費を可能にする「効率（パフォーマンス）」が追求されていた。そこでの身体は、ここで述べるならば「既存のオペレーション」を回すための「管理された身体」です。

しかし、今後の企業は自らをフレキシブルでクリエイティブな存在ととらえ直し、多種多様な創造的パフォーマンスを発揮しなければならない。それを支えるものは、ここでいう「創造のための身体」です。インプロで人々は、創造のための身体活動に従事します。

第三に、インプロは「協働的な活動」であるということです。会社では、最終的には業績は「個」に還元されます。もちろん近年では行き過ぎた成果主義からの反動から、チームや職場を単位として業績評価をおこなうような企業が増えていますが、それでも、そうした評価は相補的で、基本的には評価単位は「個」です。しかし一方、インプロでは、協働のプロセスが重視され、アウトプットもチームを単位として求められます。

第四に、インプロがなされる空間は、日々作動する「権力」から、ある程度は「自由」になれるということです。それは「言語」という私たちが日常生活で最も利用しているメディアから、いったん遠ざかり、反面、私たちが日常生活において最も利用することの少ないメディアである「身体」に私たちが近づくことで得られる機会です。

ふだん私たちが仕事をしている空間は、身分、肩書き、過去の経験というものを手がかりにして、常に「権力」が作動しています。そこには「権力を持つ者」と「権力を持たぬ者」が常にあらわれます。権力を持つものは、いつも過剰すぎるほど「饒舌」です。一方、権力を持たぬ者の言葉は、いつも隅に追いやられます。私たちは通常の仕事空間では、「言語」を媒介にして仕事をします。そして、言語とは「権力」に敏感（sensitive）です。「権力を持つ者」の言葉は、常に「権力を持たぬ者」の言葉を封じ込めてしまうものです。

一方、インプロは、一時的に「言語」というメディアをペンディングし、「身体」をメディアとしてもちいる創造行為です。そして、興味深いことに、この「身体」というメディアは、必ずしも権力が高いからといって、言語ほど、自由に、かつ、クリエィティブに動くわけではありません。この場を支配しようとして、うまく演じようと思っても、権力を持つ者が必ずしも、しなやかに身体を動かせるわけではない。むしろ、日常の仕事場面では言葉を持たぬ人々の身体のほうが、場を魅了してしまうこともある。身体とは、自分の意志によって最も自由にならないメディアなのです。

つまり、私たちが、意志どおりにならない「身体」を、敢えて「メディア」とすることで、「権力」

がなかなか作動しにくい、「擬似的民主的な舞台」を参加者に提供しているのです。

僕は、これまでさまざまな企業や組織で、マネジャー向け、医療関係者向けのセミナーや研修をやってきました。僕のおこなう研修は、決して一斉講義でなされるものではなく、基本的には参加者の方々が、フラットな関係の中で、自分の経験や印象を語り合い、その「違和感」を愉しむ「対話（ダイアログ）」というものを重視するものでした。しかし、そうした研修に手応えを感じつつも、一方で、忸怩たる思いに駆られることが何度かあったことを正直に吐露しないわけにはいきません。

どんなに「フラットな関係」の中で、相互に語り合い、その「違和感」を愉しむといっても、「日常」と地続きにある「言語」を媒介としたコミュニケーションをおこなっている限りは、どうしても、参加者は日常の権力関係から自由にはなれないのです。その中には「権力を持つ者」がいれば、「権力を持たない者」がいます。ときには「権力を持つ者」が饒舌さのあまり、「権力を持たない者」を圧殺してしまうことがないわけではなかった、と感じています。

もちろん、そういう事態が起こらないように、十分周到にデザインを施し、ファシリテーションをおこないます。しかし、この問題は、自分の中でも大きな問題であると認識していました。「言語」による対話をおこなうまえに、日常の権力関係を相対化する何らかのアクティビティの必要性を痛感していました。

そのようなさなか、かつての同級生であった共著者の高尾さんに出会い、そのインプロを見たとき、僕の中の問題が少し氷塊した気がしました。

もちろん、インプロの舞台装置においても、そこで作動する権力関係はゼロになるわけではありません。また、「インプロ」をおこないさえすれば、「言語」はもちいなくてもよいというわけではありません。むしろ、インプロを「言語によるコミュニケーション」と相互補完的にもちいることで、よりよいワークショップが実現できると考えはじめたのです。

最後のインプロの特徴、第五の特徴とは、その活動が「共愉的」であるということです。熟練のファシリテーターがおこなうインプロは、「笑い」に満ちた活動です。それは、一般的な組織人にとって、「はじめての経験」であり、みんなで共に愉しむことができる、という特性を持っています。

通常、私たちが生きる仕事の現場、職場は、決して「愉しいこと」だけではありません。多忙さ、人間関係の軋轢に嫌気がさしたり、硬直化した意志決定プロセスや組織構造に憂鬱になることもままあります。かつて、ある会社員の方がヒアリングの最中に、こう述べたことが印象に残っています。「私は会社で笑ったことがない。会社には、年々、笑顔がなくなっている」。「私は会社で褒められたことがない」という話もよく聞きます。

もちろん、会社は、いつも笑顔でいられる場所、いつも褒められる場所ではないでしょう。しかし、一方で、人々が働きがいややりがいを感じられなくなるほど過剰に、負の感情が生まれうるのだとしたら、それは問題です。インプロは、共に人々が承認し合いながら、表現を愉しむことのできる空間をつくりだします。

以上、私たちはインプロの五つの特徴を見てきました。「即興的」「創造的」「協働的」「脱権力（民主的）」「共愉的」……もうすでにおわかりのように、インプロは、私たちの典型的な日常生活を、一時的に裏返した活動であり、そこで生まれうる世界は「反転世界」です。この「反転世界」こそが、「日常」の異化のきっかけであり、人々を深いレベルの内省に誘うのです。

「反転世界」の先に生まれるもの——パフォーマティブ・ラーニングの可能性

前節で見たように、インプロはまず日常を「反転」させます。しかしこの「反転世界」が、どのようにして「日常を内省すること」につながるのでしょうか。それが起こるのは、さきほど述べた「インプロに内在する諸特徴」を、参加者自身が、自分の身体をもって経験し、そのあとで、ファシリテーターから「良質の問いかけ」が、参加者に投げかけられたときにおいてです。そのとき、ふだんは決して考えない「日常」に関する思考が促されます。

例えば、このような感じでしょうか。今、仮に、即興の演劇を愉しんだあとの参加者に、ファシリテーターがこういう問いを投げかけたとします。

「みなさんは、今日、即興的に素晴らしい演技をなさいましたね。お互いがお互いの様子を見て、台本がなくても演技ができました。ところで、日常、みなさんの仕事は、どのようなかたちで進行しますか？　即興的な要素はありますか？」

例えば、この問いをきっかけに内省を深めれば、「即興とは何か？　反対に計画するとはどういうことなのか？」「ほんとうこのままの計画を実行していてよいのか？」「計画どおりにいっていることとは何で、即興的に今変えなければならないことは何か？」について考えるきっかけが得られる可能性が出てきます。

また、「創造的である」というインプロの特徴に沿って「問いかけ」をするならば、「創造とはどこから生まれるのか？　個人か、それとも組織か？」「今日、インプロでは、誰もが臆することなく、創造を愉しめたのに、なぜふだんは違うのか？」といった内省も生まれるかもしれません。

同じように、インプロの諸特徴を素材とすると、「コミュニケーションするとは何か？」「ふだん、言いたいことがあっても、なかなか言いだせないのに、今日思い切って言いだせたのはなぜか？」「職場の仲間とチームでコラボレーションするとはどういうことか？」「なぜ今日は愉しくて、日常には笑顔がないのか？」などについて考えるきっかけが生まれてきます。

つまり、インプロ自体が「即興行為」であり「創造行為」であり「民主的なコミュニケーション行為」であり「チームコラボレーション行為」であり、「共愉行為」であることを「鏡」として、私たちが日々、組織、職場の中でおこなっている「計画のあり方」「創造行為のあり方」「コミュニケーション行為の性質」「チームコラボレーションのあり方」「職場の雰囲気のあり方」などの特異性が浮かびあがってくるのです。そこに「良質の問いかけ」が加われば、「批判的内省」が駆動しはじめます。[*3]

「今、インプロにおいて、自分はとってもクリエィティブに即興で演じることができた。それなのに、日々の仕事においては、なぜクリエィティブな発想ができないのか？　何がそれを阻害しているのか？　阻害要因を取り除くためには、何をすることが求められるのか？」

「今、私は、職場のメンバーと話し合いながら、なんとかワンステージを終えることができた。それなのに、なぜふだんの会社においては、私たちはいがみ合っているのか？　何が私たちをそう

＊3　本章では紙幅の都合で言及しませんが、僕は、インプロを「組織開発（organization development）」の一つとしても位置づけることができると考えています。従業員の雇用形態・国籍・キャリア・価値観の多様化によって、日本企業には組織開発を計画的におこなっていくことが求められるようになると思います。

させているのか？　今、私たちにできることは何なのか？」

「今、僕たちはチームでコラボして、一つの劇を即興でつくりあげた。役割やアジェンダやゴールを決めずとも、お互いがお互いの演技をフォローして、なんとか舞台を継続できた。それなのに、ふだん、僕たちがそれをできないのはなぜなのか？　今後はどうあるべきなのか？」

……

かくして、インプロは、「自己・組織の過去・現在」を対象とした内省を駆動させます。そこには、愉しみの中で、全員で考え、内省し、対話の中で意味づけるきっかけを持つことができる可能性があるかもしれません。そして、その延長上には「変革の可能性」がひらけているのかもしれません。これこそが、僕個人がインプロに興味を惹かれるところなのです。ここに、組織にとってのパフォーマティブ・ラーニングの可能性があると僕は思います。

世の中は、今日も不条理に満ち、矛盾と葛藤が渦巻いています。その中で、いかに目的を短期的に達成するかが問われています。人々はますます「目的志向」で「経済的合理性」「科学的論理性」のある行動に駆り立てられています。

このような中にあっては、インプロは、組織にとって一見、「非目的志向の行為」「経済的合理性に反した行為」「非科学的・非論理的な行為」に見えるかもしれません。しかし、目的志向で、経済的合理性にかなうことだけが、この世の中を生き抜く知恵とならないことは、かつてから、さまざまな識者が指摘してきたところです。

例えば、経営学者の大森信氏は、チェスター・バーナードやマックス・ウェーバーの議論を援用し、組織の活動を「目的志向性」が、ともすれば限界があることを指摘しています（大森 2010）。それによると、歴史的に重要な合理性ほど、非目的で非合理的な活動に支えられており、また不確実性の高い環境下では、目的志向行動の有効性が大きく低下する、ということだそうです。

また、哲学者の中村雄二郎氏は、(1)普遍主義・論理主義・客観主義を特徴として持つ「科学の知」が現代においては「行き詰まり」を見せていること、(2)「科学の知」を補完するものとして「臨床の知」が必要であることを述べ、後者の典型として「演劇の知」について言及しています（中村 1992）。後者の知においては、「今ここ」で立ち現われてくる（コスモロジー）、人々の相互作用の中から（パフォーマンス）、多様なものの見方や意味づけを可能にすること（シンボリズム）がめざされており、「科学の知」を補完するものとして機能することが期待されます。

既述したように「即興的」で「創造的」で「協働的」で「脱権力（民主的）」で「共諭的」なインプロは、一見、論理では説明がつかない、「非目的志向の行為」「経済的合理性に反した行為」「非科学的・非論理的な行為」に見えます。しかし、それは、不確実な世の中を生き抜く知恵の一つであり、うまく奏功した場合、「目的志向の行為」「経済的合理性のある行為」「科学的・論理的な行為」を、陰ながら生みだす可能性も持っているのではないか、と僕は感じています。

※冒頭の言葉の出典――村上春樹『風の歌を聴け』講談社文庫、一九八二年。

◉参考文献

・ピーター・ブルック『なにもない空間』高橋康也・喜志哲雄（訳）晶文社、一九七一年。
・ユーリア・エンゲストローム『拡張による学習―活動理論からのアプローチ』、山住勝広・百合草禎二・庄井良信・松下佳代・保坂裕子・手取義宏・高橋登（訳）新曜社、一九九九年。
・松尾睦『経験学習入門―職場が生きる人が育つ』ダイヤモンド社、二〇一一年。
・McKenzie, J., *Perform or Else: From Discipline to Performance*, Routledge, 2001.
・中村雄二郎『臨床の知とは何か』岩波新書、一九九二年。
・大森信『トイレ掃除の経営学―Strategy as Practice アプローチからの研究』白桃書房、二〇一一年。

3章

紙上ドキュメンテーション

インプロする組織

1 組織でおこなうインプロ・ワークショップ

インプロを取り入れる組織

「インプロのワークショップをしてほしい。」

そのようにお声かけいただいて、今までさまざまな組織、企業、団体に伺いました。業種、職種も多岐にわたっています。これは私にとってとてもありがたく、またとても刺激的なことです。インプロをやっていてよかったと思うのは、インプロをとおしてさまざまな世界を見せてもらえること、そしてさまざまな人と出会えることです。

長くゲーム制作会社で定期的にワークショップをしていました。そこでの参加者はコンピューターグラフィックスのアニメーターさんたちでした。アメリカのCGアニメーションの会社、ピクサー・アニメーション・スタジオでインプロが教えられているのを知り、アニメーターたちにインプロ、特に演技を教えてほしいという内容でした。しかし、インプロをとおして、物語、創造性、協働のことについても学んでいくうちに、実は強くてシンプルなストーリーによって前後の文脈をつくれば、キャラクターを動かさなくても伝わることがある、ということなど、副産物としてさまざまな学びがありました。なにより、ふだんは個々にディスプレイに向かって仕事をしているメンバーが一緒にからだを動かしてインプロのゲームをしたり、シーンをつくったりすることによって、あの人にこんなところもあるんだという発見があったり、単純にいつもと違うあたまとからだの使い方をしてリフレッシュしたりということがありました。

また、保険の会社にも伺いました。伺った部署は保険販売員用の研修・教育プログラムを開発しているところでした。保険の知識は研修でいくらでも伝えることはできる。しかし、実際に人が保険に入るかどうか判断するときには、保険についての情報よりもむしろ、その保険員とコミュニケーションをとる中で、いい印象を持てるかどうか、信頼できると感じられるかどうかということが効いています。今までそういったことはトレーニングできないと思っていました。しかし、このようなことはほんとうにトレーニングできないのだろうか？　そう思ってさまざまなものを探しているうちに、インプロにたどり着き、ひょっとしてヒントがあるかもしれないということで呼んでくれました。

医療機器のメーカーにも伺っています。その会社は圧倒的なシェアを誇る分野を持っていて、リスクを取らなくてすむその周辺での商品開発が多くなってきています。この状況を打破し、個々の高い能力を協働での創造にどのように生かしていくのかを学びたいと呼んでくれています。

小学校、中学校、高校の教員研修に呼ばれることもよくあります。多くの学校が子どもたちのコミュニケーション能力を伸ばす、協調性や創造力を伸ばすということを学校全体の目標にして、教育や研究に取り組んでいます。しかし、当たり前のことではありますが、教師のみなさんがコミュニケーション能力を伸ばそうとしていたり、協調しようとしていたり、創造的に授業をつくろうと

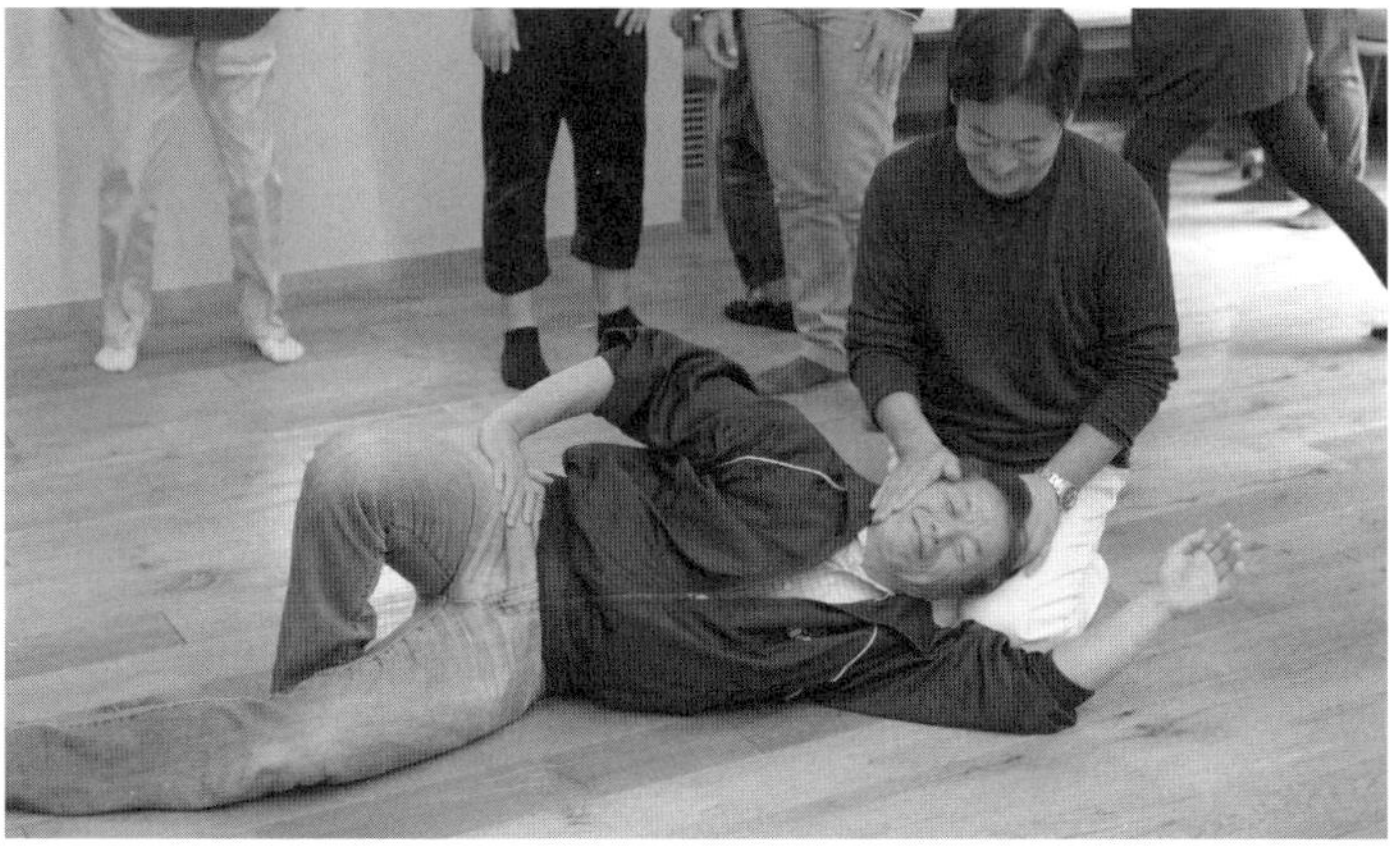

している集団となっていれば、おのずと子どもたちのコミュニケーション能力、協調性、創造力は伸びますし、その逆もまたしかりです。一方、現在、どこの学校でも三〇代後半から四〇代の教師が少なく、教師集団に世代間ギャップがあり、それによって経験や知恵がうまく次の世代に伝わらないというコミュニケーションにかかわる問題もあります。そこで、インプロにそのヒントを感じて、私を教員研修に呼んでくださいます。また、私が児童、生徒にインプロの授業をおこない、それを教師のみなさんに見てもらうこともあります。

介護の仕事をしているみなさんにインプロのワークショップをしに行くこともあります。例えば、特別養護老人ホームやグループホームなどで重度の認知症の方々を介護している職員のみなさんに聞くと、ある職員が入所者を食事やお風呂に連れていこうとすると気持ちよく来てくれるのに、別のある職員が連れていこうとするととても嫌がられるということがあるそうです。言葉でのコミュニケーションはすでに成立していないことが多いので、おそらく言葉ではない別のレベルのコミュニケーションの問題のようです。こういった能力については今までは、「人柄だよね」「経験だよね」と語られることが多かったそうなのですが、それでは、トレーニングをしていくことができません。そこで、このような能力をトレーニングする方法はないかといろいろ探しているうちにインプロを見つけ、私に声をかけてくださいました。

地域でのプロジェクトにもかかわっています。沖縄市では、商店街の活性化のために、商店街のみなさんが出演したり応援したりする商店街対抗インプロ合戦を、沖縄のみなさんとの協働でおこなっています。また東日本大震災で大きな被害を受けた気仙沼市でのプロジェクトにもかかわらせてもらっています。その他、スクールカウンセラーの研修、聴覚障がい者の集まり、手話通訳者の研修など、呼んでくださる組織の種類はさらに広がっているように感じています。

このように、どのような目的で呼ばれるかはその組織によって異なります。一般的には、コミュニケーション、チームワーク、コラボレーション（協働）、イマジネーション（想像力）、ストーリーテリング（物語）、クリエイティビティー（創造性）、イノベーションなどの文脈でインプロのワークショップをしてほしいと言われることが多いように思います。

インプロ・ワークショップの構成

私のインプロの先生は、インプロの創始者の一人である、キース・ジョンストンです。私は今でも毎年夏に彼のワークショップに参加し、彼からインプロを学び続けています。また、アメリカ、サンフランシスコのインプログループ「ベイエリア・シアタースポーツ」を創設し、インプロ教師、俳優として活躍し、ピクサー・アニメーション・スタジオでも教えているレベッカ・ストックリーには、いつもインプロのワークショップのことについて相談に乗ってもらっています。私のインプロ・ワークショップのやり方はこの二人の影響を強く受けています。

インプロのワークショップはおもにインプロのゲームによって構成されています。

インプロのゲームは無数にありますし、今も増え続けています。私が知っているゲームで三〇〇種類ぐらいでしょうか。そのうち企業研修を含めて私がワークショップでよく使うゲームは三〇から四〇ぐらいだと思います。これらの、数分から数十分でおこなうことのできるゲームを組み合わせながらワークショップをデザインしていきます。

それぞれのゲームは、もともと俳優が演技をする際に出てくる問題を解決するためにつくられました。演技はからだを使っておこなうことなので、問題を指摘すれば、それで問題が解決するわけではありません。例えば、声の小さな俳優に、「もっと声を大きく!」と言ったら、縮こまってしまってよけいに声が出なくなるかもしれません。「もっと発想を自由に!」と言ったら、考え込んでしまってよけいに何も思い浮かばなくなるでしょう。「もっとおもしろく!」と言ったら、だいたいはもっとつまらなくなります。ところが不思議なもので「もっとつまらなくやって!」と言ったら、おもしろくやらなければというプレッシャーがとれて、逆にその人らしい自然なおもしろさが出てきたりします。ここが、演技を教える難しさであり、おもしろさでもあります。

ジョンストンは、俳優のさまざまな問題にアプローチするためにたくさんのゲームをつくりました。一九五〇年代ごろのことです。そのゲームに取り組んでいると、自然に問題が意識化されたり、自然に問題が改善されていったりします。

その稽古場でおこなわれていたゲームがとてもおもしろいので、観客の前でやってみました。すると、観客たちが新しい演劇としてそれを受け容れました。これがインプロのはじまりです。そうして、世界中で上演されるようになったインプロですが、今、劇場の外に飛び出し、演劇以外の人にも学ばれるようになっています。これは、からだ、言葉、物語、関係を駆使して創造するという演劇と、現代の社会で重要と考えられているものの間に大きく重なる領域が出てきたからだと思います。

時間についてですが、からだを動かしてやることなので、短い時間だとあたまとからだが暖まったころにはおわってしまいます。また時間が短いと、私が研修でインプロ・ワークショップをおこなう際に最も大事だと思っているふりかえりの時間を十分に取ることができません。そこで原則、少なくとも三時間は取っていただくようにお願いしています。それでも、インプロに少しさわったという程度にしかできませんから、可能ならば半日、あるいは一日というかたちでお願いします。そうすれば、あまり急ぎ足にならず、インプロのエッセンスにふれて、ふりかえりの時間も十分に取れます。みなさん忙しい時間を割いて来てくださっているので、なるべく充実した時間になるようにと思っています。幸い、「あっという間に時間が過ぎた」と言ってもらえることが多いです。

もちろん、一度にひととおりインプロを経験するために三、四日間の集中型のワークショップにしてもらったり、数ヶ月や一年間などという期間で定期的にワークショップをさせてもらうこともあります。

インプロ・ワークショップのポイント

インプロを教える

どのような組織に呼ばれるときにも、私は一つのポリシーを持って教えています。それは、どのような場であってもインプロを教えるということです。インプロを教える（teach impro）ということと、インプロで教える（teach something through impro）ということには違いがあるように思います。ジョンストンやストックリーは、どのような場に呼ばれていっても基本的にはインプロしか教えません。もちろんインプロの中で、その場の人たちに合ったものを選択したりすることはあります。ただ、たとえ演劇とまったく関係ない人たちに教えるときにも、演技のこと、物語の創作のことなど、演劇や映画の理論や例を使って説明していきます。

なぜインプロを教えるかには二つの理由があります。一つ目は私はインプロの専門家であって、その組織が扱っていることについては専門家ではないからです。例えば企業の場合を考えてみましょう。私はインプロについては学んできていますし、インプロのワークショップを進行したり、インプロの説明をしたりすることはできます。しかし、経営やビジネスのことは専門的に学んでいません。まして、それぞれの企業がフィールドとしているビジネスの内容、例えば金融や保険、マスメディアや食品のことなどまったくわかりません。そのような私がビジネスのことを語ったり、ビジネスの内容をインプロを使って教えるのは、能力的にも限界を超えていますし、越権行為だと思っています。

そして、二つ目はインプロをそのまま教えるほうがゆさぶる力が強いと感じているからです。組織で働くふつうの人にとって、演劇を教える人間がやってきて、からだを動かしたり、シーンを演じたりすることは、異物感以外のなにものでもないと思います。インプロという演劇そのものを教えることは、参加者が「なぜこんなことをさせられるのか」と違和感や拒絶感を感じてしまうリスクをより高くするかもしれません。

インプロの考え方を生かして、なるべくふだんその組織が使っている専門用語を使って、からだもあまり動かさないで研修をすることも可能かもしれません。実際にそのようにして研修をおこなっている教育コンサルティング会社もあると思います。

しかし、そうしたときには、組織で働く自分が今まで持っている考えの枠組みの中で、インプロのことを理解しようとすると思います。そうすると、自分の持っている枠組みがインプロによってゆさぶられたり、変わったりはしません。ふだんの自分ではしないことにチャレンジすることもしにくくなるでしょう。ですから、私は敢えてインプロをそのまま教え、ふだんやらないことを経験してもらい、そこからふだんの自分をふりかえってもらいたいと思っています。

もちろん、だからといって、研修を受ける方々を不安にしたり、脅かしたりしたいとは思いません。嫌なことをむりやりさせたいとも思いません。人は楽しんでいるとき、自分の意志で活動しているときがいちばん多くのことを学べると思っています。そのために、参加される方にできるだけインプロの楽しさを知ってもらえるように研修をおこないたいと思っていますし、そのことについては、私自身プロフェッショナルでなければならないと思っています。そして、インプロを楽しんでもらったあとに、ただ楽しかったというだけではなく、「今日のこの経験は何だったんだろう」と引っかかってもらえるようにしたいと思っています。ここで、インプロが試されていると思いますし、私の専門性が試されていると思っています。

「自分の部下にインプロの研修をしてほしい」とご連絡くださったある企業のマネジャーの方は次のようにおっしゃいました。

「うちの企業に合わせず、ぜひそのままのインプロをやってください。参加者が今までの経験や自分の文脈で『これはこういうことだね』と簡単に理解できた気になってしまうもの、簡単に回収できてしまうものでないほうがいいんです。むしろ受けたあとに、あれは何だったんだろうと悶々と考えてほしい。その中から、自分の殻を破ったり、新しい気づきを得たりしてほしいんです。」

　このように言っていただけることをとてもありがたいと思いました。そして、実際、その企業での研修は、おわったあともいろいろな議論が出て、とても実りの多いものとなりました。

即興でつくるカリキュラム

　どのようにゲームを組み合わせて一つのワークショップをつくるかというカリキュラムについてですが、私は教えはじめのころはすべて事前にメニューをつくっていました。これは事前に丁寧に検討でき、また、一緒に教える仲間がいるときにやりたいことを共有できるので、とても意味があったと思っています。しかし、しばらくすると少しずつその場の参加者の様子や雰囲気に合わせて、計画を柔軟に変更するようになりました。

　そして、教えはじめて数年したころから、基本的にインプロのワークショップは完全に即興でおこなうようになりました。ジョンストンやストックリーは、まったく事前のシラバスを持たずに、その場で起こっていることを観察し、そこから必要なことは何かを感じ取り、ゲームを選択していきます。そのような先生たちと話をして、「インプロを教えているんだから、教えるほうもインプロにしてみよう」と思ったのです。

このことは、自分にとって多くの成長と学びをもたらしてくれたように思います。相手をよく見て、相手に必要なものを提供していくこと。このようにしてインプロを教えることが、インプロバイザー（即興者）としてのトレーニングでもありました。

インプロを教えることのイメージは、自分にとっては鍼灸治療のイメージと重なります。私はとてもすばらしい先生に鍼と灸をしてもらっているのですが、その先生の治療を見ていると、まずは患者の話をよく聴き、また患者の様子をよく診ます。当たり前ですが、患者が来るまえから「このような治療をしよう」と決めておくことができません。そして、例えば患者が腰が痛いと訴えているときに、いきなり腰に鍼を打つようなことはしません。腰が痛くなった原因を推測しながら、まずは、何百あるつぼのうち、手首や足首など、少し遠いところから、全体を調整するようなツボを選択して鍼を打ちます。そして、その感触や反応を感じ取って、次に打つ鍼を決めていきます。

もちろん私は、インプロのワークショップをしてほしいと言われるとき、まず事前にその組織の様子や問題、今回なぜインプロをやりたいと思ったのかの理由を聞きます。しかし、この話をしてくれるのは、その組織のマネジャーや人材・教育担当者であることが多いので、必ずしも組織の実際とは一致しません。ですから、実際に参加者のみなさんの前に立ってみて見えるもの、聞こえるもの、そこから感じることをなるべく大切にしようと思っています。そして、いくつかあるゲームの中から一つ目にやるゲームを決めます。もっと正確に言うならば、ある一つのゲームがふとあたまに浮かびます。そして、それをやってみます。その様子を診ながら、その組織の実際、そしてその背後にある問題を推測します。すると次のゲームがあたまに浮かぶのでそれをやってみます。そうして、いくつかのゲームを続けていきます。

ときにはこのゲームをやるといいかなと思ってやってみると、全然うまくいかなかったりすることもあります。そうすると、すぐに「変なゲームをやってごめんなさい」とそのゲームはやめて、別のゲームに移ります。うまくいかないというのも教えるほうとしてはとても重要なフィードバックです。そこから何かが見つかることもあります。

すべてのゲームがインプロの考え方につながっています。どのゲームからはじめても、それは入口の違いの問題で、最終的には同じテーマにつながっています。だから、その集団にとって、なるべく入りやすいところを探して入っていこうと思っています。

そのときに私の中で基準となっているのは、インプロで最も大事なことだと思っている「Give your partner a good time」、つまり「相手にいい時間を与える」ということです。参加者がいい時間を過ごしているときには、からだも心も暖まり、熱中して、そしてそのあと大きな変化があったり、大きなリフレクションが生まれたりすると経験的に感じています。学ぶことは苦しいことではないと私は思っています。楽しく熱中しているときこそ、人は学んだり、変わったりすると思います。

がんばらない

ワークショップのはじめに、私はまじめな顔をして、参加者のみなさんにこのルールを必ず守ってほしいと言って、ホワイトボードにこう書きます。

「がんばらない。」

参加者のみなさんはだいたい笑われますが、私は本気です。なぜがんばらないでほしいのかには二つの理由があります。

一つ目は、からだを動かすゲームがいくつかありますから、がんばりすぎると、無理な動きをしたり、走って壁にぶつかったりして、思わぬケガをすることがあるからです。

二つ目はより重要なことなのですが、インプロのワークショップで扱う創造性やコミュニケーションといったことについて、がんばるのが最善の戦略なのかということです。インプロでは、創造性やコミュニケーション能力がない人に、インプロで創造性やコミュニケーション能力を与えようとは考えません。すべての人は生まれながらにして、創造性やコミュニケーション能力を持っている。インプロではそう考えます。しかし、大人になり、社会性を身につけていくうちに、他人のことを気にするようになり、思ったまま、感じたままに言ったり動いたりすることに恐怖を感じるようになります。インプロはこの恐怖をどのようにして和らげ、その人が持っている創造性やコミュニケーション能力が自然に出てくるようになるかを考えています。

そこで、がんばろうとしてしまうと、よけいに考えすぎてしまい、からだが固くなり、より強く恐怖を感じるようになってしまいます。がんばるのは最善の戦略どころか、むしろ逆効果をもたらす戦略なのではないかと思います。だから、がんばらないでほしいと思うのです。

楽をしてほしいからがんばらないと言っているのではありません。がんばって引き出される力よりもっと多くの力を引き出すために、がんばってできるレベルよりもさらに上のレベルをめざすために、がんばらないでほしいと思っています。

また、ホワイトボードには「休みたかったら休む」「またやりたくなったらやる」とも書きます。これはできないかなとか、ちょっと疲れたと思ったら休んでくださいと話します。そして、またできそうだなと思ったら、再び加わってくださいと話します。これは自分でやるかやらないかを選択してほしいということでもあります。

からだという視点から教育やコミュニケーションのことをずっと考え続けて

きた竹内敏晴さんという演出家がいました。彼の本で読んだのですが、哲学者ルソーは自由について「なんでもやっていいということが自由なのではなくて、やりたくないことをやらなくていいことが自由だ」と言っていたそうです。インプロのワークショップは、講師が学ばせたり、変わらせたりするものでなく、参加者が自分で学んだり、変わったりするものだと思います。「休みたかったら休む」「またやりたくなったらやる」は、参加者に学びの主体として責任を要求する、ある種きびしい言葉だと思っています。幸い、最初は自分にはインプロなどできないと思っていたのに、この「がんばらない」ということがあったから、逆に最後まで楽しく取り組むことができたと言っていただくこともあります。

瀬戸内海放送でのインプロ・ワークショップ

それでは、ここから次節にかけて「インプロする組織」の実際として、瀬戸内海放送で研修としておこなったインプロ・ワークショップを詳しく見ていきたいと思います。

香川県高松市の西側、西宝町に瀬戸内海放送はあります。一九六七年に設立されたテレビ朝日系列の放送局で、放送エリアは香川県と岡山県です。本社はこの高松本社と、岡山本社の二つです。社員数は八九名という会社です。

組織は、報道制作、営業、商品企画・営業推進、技術、経営管理の五つのユニットに分かれています。報道制作ユニットは、番組の制作にかかわる部署です。アナウンサーの方も、記者としての取材や番組づくりもおこなっています。商品企画・営業推進ユニットは、番組の編成や、マーケティングに関する商品や事業の開発などをおこなっています。技術ユニットは、送信と番組の制作に関する技術的なことをおこなっています。

ワークショップは二〇一〇年一一月五・六日の二日間で三回おこないました。

参加者は瀬戸内海放送とその関連会社（番組制作会社など）の方々です。業種、立場、年齢の制約はなく、参加できる方すべてが参加されていました。三回のワークショップで、会社全体の半数ぐらいの方が参加されました。それぞれのワークショップの構成員も制約がなく、アナウンサーや記者の方から営業や企画、管理の方、あるいはマネジャーの方までさまざまでした。

瀬戸内海放送では、週末に研修や勉強会がおこなわれていて、毎回多くの方々が忙しい合間を縫って参加されているそうです。今回も土日を使い、一回のワークショップに五時間を取ってもらいました。インプロで重要なことをゆっくり丁寧に紹介し、そのあと十分なふりかえりができるように配慮してくださいました。また、どうしても長時間は参加できない人のために、二時間の短いワークショップもおこないました。

場所は社内の敷地にある、ふだんは食堂として使われている百菜家という、木造建築のロッジふうの建物でおこないました。

以下が、ワークショップでおこなった内容となっています。★印は、この章で取り上げているアクティビティです。

◉ワークショップ1（五時間）＊参加者二一名

- がんばらない腕★
- 魔法の箱★
- さしすせそ禁止★
- 大喜利
- サンキュー★
- 私は木です
- ワンワード★
- インスタントストーリー
- ティルト★
- ジブリッシュシーン
- ジブリッシュジョーク
- ぬいぐるみ★
- ステータス★
- ふりかえり
- コメントシート記入

◉ワークショップ2（二時間）＊参加者一二名

百菜家

●リアハンドホップラ
●しりとり・連想
●ワンワード
●王様
●ふりかえり
●コメントシート記入

◉ワークショップ3（五時間）＊参加者二〇名、見学者一名

●指の体操
●ストレッチ
●背中を合わせて立ち上がる
●ロボット
●イルカの調教★
●サムライ
●ハット★
●マントラ
●次、何しますか★
●ファストフードスタニスラフスキー
●ふりかえり
●コメントシート記入

2 インプロ・ワークショップ 紙上ドキュメンテーション

※瀬戸内海放送でのインプロ研修をベースに、インプロ・ワークショップをイメージしていただけるようにフィクションもまじえながら再構成しています。

#1 がんばらない腕

高尾　「がんばらないこと」――これはどの研修、ワークショップでもお願いしていることなのですが、論より証拠ということで、なぜかんばらないことが大事なのかがわかるアクティビティを、はじめにやっていただきたいと思います。
　力が強そうな方に出てきていただいて、ちょっとデモンストレーションしてみたいと思います。どなたがいいでしょうか？

＊Aさん（男性）、登場。

高尾　見るからに腕っぷしの強そうな方に出てきていただきました。じゃあ、私がこうして片方の腕を水平に伸ばします。がんばって力を入れて、Aさんの力に負けないように抵抗しますので、これを上から両手で押さえつけて下に下げてみてください。

高尾　Aさん、お願いします。

高尾　ううん……。

＊高尾、がんばって抵抗を試みるが、Aさんは、高尾の腕を押し下げる。

高尾　さすがですね。では次は、がんばらない作戦で腕の力をなるべく抜きます。でも、だらーんと下がらないように、力は抜いたまま、すっとまっすぐ腕を伸ばします。指先を見ても力は入っていない。呼吸を止めないようにして、深くゆっくり呼吸をします。では、もう一回お願いします。はい、どうぞ。

＊Aさん、なかなか押し下げることができない。

高尾　ありがとうございました。どうでしたか？　二回目のほうが大変でしたよね。一回目のとき、私はめいっぱい力を入れて腕をカチカチの状態にしました。二回目のときは、腕の筋肉の力をできるだけ抜いたんです。すると、ご覧になったように、一回目と違って、なかなか下に押し下げられません。

　今は、伸ばした腕を下に押し下げるという方法で試してみましたが、伸ばした腕をひじのところから内側に折り曲げてみるという方法でも試すことができます。いずれの場合も、相手の腕を押し下げたり曲げたりするほうの人は、いきなりばっと力を入れるのではなくて、じわりと力を加えて

いくようにしてください。

では、お近くで腕力が同じぐらいかなと思う人と二人組になって実際に試してみましょう。

＊ペアになって、二つの方法の違いを体験する。

高尾　どうだったでしょうか？　脱力のしかたや脱力から力を入れる瞬間にコツがあるので、難しかった人もいるかもしれませんが、一般的には、力を抜いていたほうが強い、下げられにくいんです。種明かしをしましょう。

筋肉には一つの大きな法則があります。それは、直前にゆるんでいる筋肉しか力を出すことができないという法則です。筋肉をカチカチにしてめいっぱい力を入れている腕は一見強そうに見えるのですが、実はその時点ですべての力を出しているので、これから先、力を出せる筋肉はない状態です。逆に、力が抜けている腕は、すべての筋肉がこれから先、力を出せる状態になっているということです。だから、上から力がかかれば、それに抵抗する力を出すことができるわけです。

スポーツをなさる方はおわかりになると思いますが、テニスにしても、腕にめいっぱい力を入れたままラケットを強く振ることはできません。リラックスしていて、振る瞬間に力を入れると強い力で振ることができたり、的確に打ち返すことができる。野球のバッティングもそうですよね。バッ

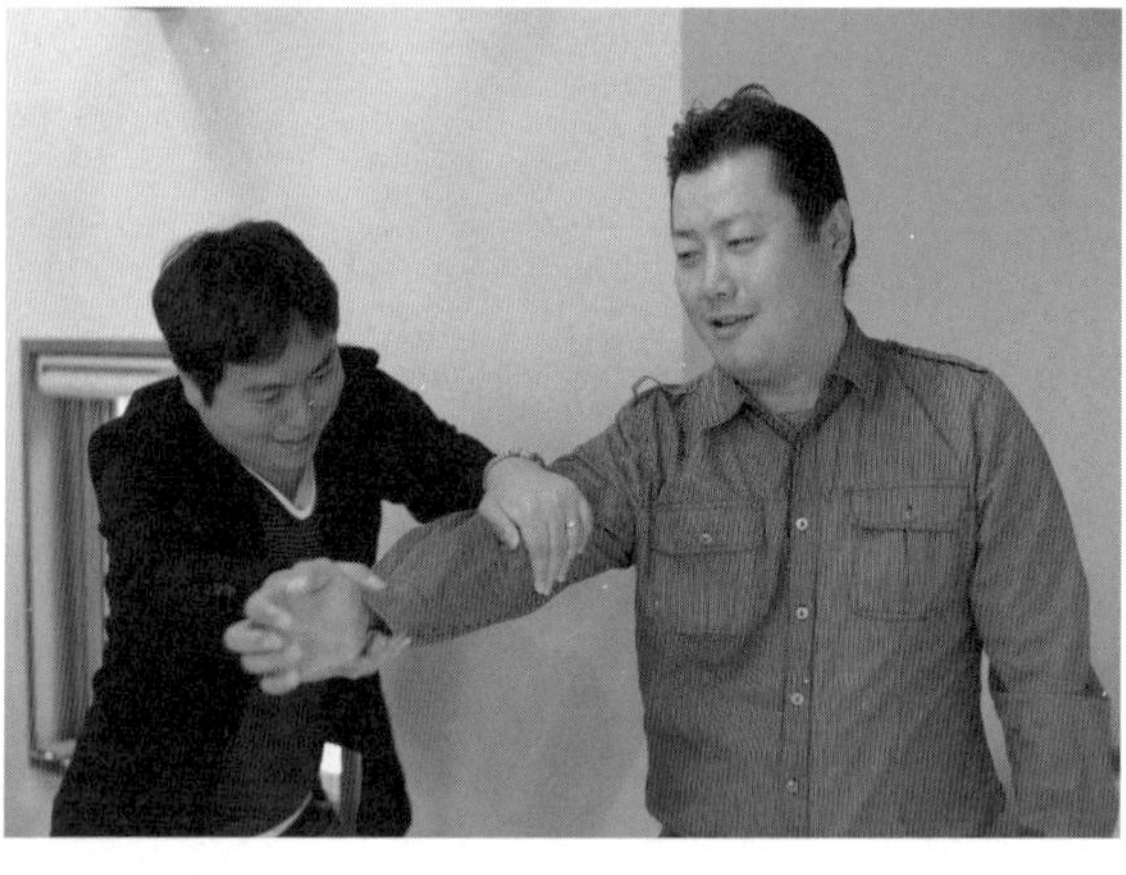

ターボックスで微妙にふらふら動いたりしている選手がいますよね。あれは、かまえるときに動きを止めてしまうとどこかの筋肉に力が入ってしまうので、微妙に動かしながらどこの筋肉にも力が入らないようにしているんです。サッカーのキック、ボクシングのパンチもみんな同じ原理です。からだのしくみとしては、「がんばる」よりも「がんばらない」作戦のほうが力が出るということなんですね。

野口体操という体操をつくった野口三千三《みちぞう》さんという方がいらっしゃいました。彼は「がんばる」ことについて、漢字から分析をしています。「がんばる」は、漢字では「頑張る」と書きます。「頑」は、字の中に「目」が入っているように目をあらわしています。「張」は弓が横に長くなっている状態で、ぴんと張り詰めた緊張状態のことです。ですから、からだで表現すると、目を見開き、肩に力を入れて、何かに警戒しているような状態になります。これでは上半身にすでにめいっぱい力が入っていて、ここから大きな力を出そうと思っても、もう出すことができません。

野口さんは、「がんばるよりもしたたかに」と言います。「したたか」というのは、もともと「下確か」という言葉から来ているという説があるようです。からだでいうと、下半身にぐっと力を入れている状態が「下確か」という状態らしいんです。立って、太ももから下半身にグッと力を入れてみてください。そうすると上半身に力が入れにくくなります。上半身の力

が抜けるんですね。これは、柳のようにやわらかく、でもどのような変化にも対応して力が出せる状態です。

がんばると力が出ないけれど、がんばらないと力が出る。からだにはこのようなパラドックス（逆説）がたくさんあります。

#2 魔法の箱

高尾　「がんばらない」ほうが力を発揮できるということを、からだのしくみから見てみました。じゃあ、あたまのほうはどうなんだろうということで、今度はまた二人組をつくっていただきたいのですが、さきほどの腕っぷしチーム（笑）は解散して別の人と組んでみましょう。今度は腕力は使いません。
これから【魔法の箱】というゲームをやってみたいと思います。お一人の方、ちょっとお付き合いいただいていいですか。

＊Aさん（男性）、登場。

高尾　二人組でやるんですけれども、一人がこう（高尾、箱があるようなしぐさをする）、箱を準備します。もう一人の方はその箱のふたを開けてください。

どうぞ。

＊Aさん、ふたを開けるしぐさ。

高尾　はい、では、箱の中に手を突っ込んで探ってみてください。そして、何か取り出してみてください。

＊Aさん、何かを取り出すしぐさ。

高尾　そうしたら、もう一人の人が「それ、何ですか？」と尋ねます。

高尾　これ、何ですか？

Aさん　野球のボールです。

高尾　そうしたら、それ（野球のボール）はこちらに置いてもらって、また、手を入れて、何か取り出してみてください。

高尾　それは何ですか？

Aさん　サッカーのボールです。〔フロア、笑い。〕

高尾　こういうふうにして、どんどん箱から何かを取り出していきます。

このとき、完全に自由というのは、かえって創造性がわきにくいという傾向があります。ですから、何もなしにどんどんやっていくとつまってくるときがあります。そのときには、こちら側の人がちょっと、条件や制限を与えてみます。例えば、

高尾　そこにちょっとキラキラしているものがありますね。それは何ですか？

Aさん　指輪です。

高尾　そこでコソコソ動いているのは何ですか？　はい、それです。それは何ですか？

Aさん　ネズミ。

高尾　というように、「その長いものをとってください」などの制約をつけてあげると取り出すほうの人の助けになります。

それから、このゲームでは、「それは何ですか？」と聞くほうの人の役割も重要です。こちらの人が沈んでいるとけっこうやりにくい。ちょっとやってみますか、沈んでいるバージョン。

高尾　（暗い声で）それ……何ですか。

Aさん　何でしょうね……。

高尾　こうなってしまいます（笑）。リズミカルに、ちょっとテンポよくやってみてもいいかもしれません。

高尾　はい、はい、さあさあ、それ取ってみよう、はい、それそれ！　はい、そうだ、それ何だ？

Aさん　……。〔フロア、笑い。〕

高尾　まあ、必ずしもうまくいくとは限りませんが（笑）、少なくとも、二人で一緒に空気をつくって、たくさんものを取り出すようにしていってください。Aさん、ありがとうございました。
　それでは、最初に取り出すほうの人とそれを助ける人を決めて、はじめましょう。

＊フロアのあちこちでゲームがはじまる。一分ほど経過して、

高尾　さて、ここからが実験です。今のペアでまた同じようにやります。同じようにやってもらいますが、今度は、一つ条件をつけます。
　今度の箱は金色です。この金色の箱の中には、「おもしろくて独創的なもの」しか入っていません。おもしろくて独創的なものしか入っていない箱から、おもしろくて独創的なものだけを五つ取り出してみてください。

それ以外のものは取り出してはいけませんよ。

五つ取り出したら交代してください。次の箱も金色の箱で、これにもおもしろくて独創的なものしか入っていませんので、やはり、おもしろくて独創的なものだけを五つ取り出してください。こういう制約がかかるとどうなるかという実験です。よろしいでしょうか？　では、どうぞ。

＊再びゲームがはじまって、三分ほど経過。

高尾　はい、今、二つのバージョンでやってみました。これから二、三分ほどの間、ペアで話をしていただきたいのですが、それは、一つ目に制約があるのとないのとでは出てくるアイディアの質に違いがあったかどうか、二つ目に物の取り出しやすさや、やっているときの雰囲気に違いがあったかどうかについてです。それではお願いします。

＊にぎやかな話し合い。

高尾　それでは、どんなお話が出たのか伺いたいと思います。それで、発表を聞いたときに、ああ、自分たちもそういう話が出たなとか賛成だというところがあったら、ちょっとかわいく両肩をすくめて「ミートゥ！」と言ってください（笑）。

Bさん　独創的にという条件がついたときのほうが、やっぱり取り出しにくいし、時間がかかるということがありました。取り出したものが独創的かどうかを、口にするまえに自分で考えてしまうという工程が出てきたのも、違いの一つだったと思いました。

フロア　ミートゥ！

Cさん　独創的なもののほうは、現実には無いものを言わなければいけないような気持ちになったんですが、それが変化かなと。

フロア　ミートゥ！

高尾　なるほど。どちらが出しやすかったか、投票してもらいたいのですが、最初のほうが出しやすかった人は手を挙げていただけますか？　あとのほうが出しやすかった人は？　あまり変わらなかったという人？　多いのは、最初のほうが出しやすかった派ですね。

人によって差があるのですが、少なくともこの実験でわかるのは、アイディアを出そうというときに、独創的なものを出せという制約はあまり効果的ではないということですね。そういうふうに思うことがかえって、独創性から遠ざけているかもしれないということです。

私自身、インプロを役者としてやりながら、創造性という問題を研究してきているのですが、ここで、インプロは創造性をどう考えるのかという

話をしたいと思います。

私は、創造性にはある逆説があると考えています。それは、創造的になろうとすると創造的になれないということです。逆に、特に創造的になろうと思わず楽しくやっていると、いつの間にか創造的になっているということが起こるんです。

当たり前のことというのはその人の世界をいちばんよくあらわしています。そして、その人が当たり前だと思っている世界は、他の人にとっては独創的です。例えば、現代アートにおける独創性とは、その人が世界をどう見ているか、その人には世界がどう見えているかをそのまま表現するということなんです。

しかし、人と違うことをやろう、独創的になろうとすると、独創的とは何だというふうにあたまで考えることになる。そして、「こういうことが独創的だ」という典型的なもの——みんながこれは独創的だと考えているという、実は凡庸なもの——に行き着いてしまいます。これが独創的になろうとすると独創的になれなくなるという逆説です。あたまで独創的になろうなろうと考えていると、からだや感覚を使ったその人の自然な見方が発揮できなくなって、結果、独創性が出にくくなってしまうことになります。

今のゲームでいえば、最初のときのほうでは、何かを考え出すというよりも、手を出したらそこに物が見える、考えが浮かんでくる感じになるこ

とがあります。パッと見た瞬間にアイディアが出てくるということを、インプロではスポンタナエティ（spontaneity）といいます。「自然発生」と訳していますが、これは考えるまえに意識しないで自然にポンと生まれてくる状態です。

二回目のほうはあたまの中からひねり出す感じがあります。このときには、意識のほうにいってしまい、自然発生の状態からは遠くなり、苦しくなっていきます。うまくやらなきゃとか失敗しないようにという気持ちが強くなります。自分のあたまの中に住む批評家が現れ出てきて、浮かんだアイディアを次々に否定します。

そのことをインプロでは「検閲」といいます。さきほどの発表にもあったように、このアイディアでだいじょうぶだろうかと、自分のあたまの中の批評家がやる仕事が「検閲」です。

検閲のポイントはおもに三つあります。一番目は「エロいこと」。こういうことを言うと「エロい」と思われるんじゃないかということを極力排除します。例えば、遠くの山を見ていて「おっぱいみたいな形だな」と思っても、そう口に出したらまずいからチェックが入りますね。二番目は「あたまがおかしいと思われること」です。こんなこと言ったら異常だと思われるんじゃないかということも極力排除します。そして三番目は「平凡なこと」です。こんなことは当たり前、誰でもが思いつくと思われそうなことを検閲します。

考えれば考えるほど、この三つの検閲は強く作動します。ところが、みなさんご存じのように、歴史上のすばらしい芸術作品はこの三つを満たしていることが多いでしょう。美術館には裸の女の人たちがたくさんいます。あたまがおかしいと思われるような絵や小説や音楽もたくさんありますよね。そして、その芸術家からすると平凡に思えるかもしれないけど、他の人から見たらおもしろい作品、すばらしい作品というものもたくさんあります。

この検閲は恐怖によって起こります。他の人が自分をどう見るか、どう評価するかを考えてしまうと、恐怖が出てきます。マイナスの評価、失敗への恐怖が検閲を強化します。

子どもにはこの検閲がありません。小学校三年生くらいまでは、ほんとうに創造性にあふれています。大人になるときに社会性と引き換えに恐怖と検閲を身につけてしまいます。大人になると創造性がなくなるのではなくて、もともと存在している創造性を検閲によって抑え込んでいるといったほうがよいのかもしれません。

もちろん、社会性は必要なものです。しかし、何かを創造するときには、この批評家に少し引っ込んでもらうことが必要になります。失敗しないようにすることは、創造性のことを考えると逆にリスキーな状況になることがあるということです。

参加者のコメント❶

「なんでこれをやっているのか?」という疑問の中で……。

溝渕正紘さん（男性・26歳）◎職種・業務＝営業

インプロ研修のまえに、マーケティングセミナーを受講していたが、そこでは対話の重要性を学んだ。【イルカの調教】は、対話という部分が、押しつけや囲ってしまうことではなく、野放しにはするが、それを上司がコーディネートするというものだった。今の職場には、まずは自由にやってみろという自主性を重んじる雰囲気があるが、そこには上司のサポートが重要である。それが【イルカの調教】と仕事との共通点だと思う。

研修後は、「相手は楽しいと感じているか」「押しつけられていると感じない言い方ができているか」について自然と考えながら仕事をするようになっている。それまでは話をしなかったような他部署の人とも話をしたり、仕事を共有するようにもなった。

瀬戸内海放送を志望した理由は、営業でも番組制作に携われることに魅力を感じたから。今も営業持ち込みで、五分のスポンサー番組を制作している。現在、高松の営業スタッフは九名。個人の数字、扱いスポンサー数など、競争、数字がつきまとう仕事。自分が何をするべきかを考える。

インプロ研修では、全体を通じて楽しく学ぶことができた。特に印象に残っているのが、【イルカの調教】ゲームで、「調教師＝上司」「イルカ＝部下」という結びつけができると思った。イルカにベルできっかけやタイミングを与え、「気持ちいいこと」「楽しいこと」を覚えさせることは、自発的にやったという感覚を持たせ、モチベーションを保たせるのと同じで、今後意識すべきことであると感じた。

＊研修の3ヶ月半後に高尾がおこなったインタビューをもとに構成しています。年齢・所属等は研修時のものです。

ときにはやさしいうそを交え、気持ちよく仕事ができ、一緒に仕事をしてよかったなと思われる関係づくりをしたい。

からだをまず動かす。動かしていると「なぜこれをしているのだろう?」という疑問が生まれる。やったことに対しての意見交換や雑談ができる時間と場が確保されているのもよかった。

実際のところ、インプロ研修は賛否両論であった。すんなりなじむ人間、なじみがたい人間に分かれたが、新しい研修スタイルだったというのは共通の見解だった。自分はあたまで考えるより行動から入るタイプなので、参加しながら目的を推測した。それは楽しいことであるし、結果、あとで解説されることと違ったらそれもまた楽しい。中には【ハット】や【ファストフードスタニスラフスキー】のように、目的を推測する余裕がなく、参加することだけに集中したものもあった。

研修中はいろいろな人と話ができた。話ができるといってもディスカッションとは違う。ディスカッションでは、主導権を上司が持ってしまうと、力関係が目に見えてしまい、尻込みしてしまう人がいる。この会社は上と下の距離が近い会社だが、それでも同じ目線でコミュニケーションできる機会は少なかったので、今回の研修は貴重だった。上司があんなにはしゃぐ研修はかつて見たことがなかった。上司との距離が極端に縮まったように思う。自分自身もふだんは出せないような表現ができた。からだを動かすものでないとああはならないと思う。また、ビジネスを直接扱わないということにもメリットがあったと思う。

この会社はワークショップ研修を積極的に取り入れている。研修で学んだことを実務に生かすのは大事だが、仕事と直接関係のないところから〝気づき(クリエイティブ)〟が生まれると社長は考えている。もちろん私もその意見に賛成であるし、それが社内に浸透しているとも感じる。今回は、そういう研修や取り組みに慣れてきた、いいタイミングでインプロ研修を受講できたと思う。

#3 さしすせそ禁止

高尾 それでは、さきほどの「失敗を恐れると創造的になれない、楽しめない、むしろリスキーになる」ということに関連したゲームをやってみましょう。どなたかお二人、ご協力お願いできますか?

＊Aさん(男性)、Bさん(男性)、登場。

高尾 それでは、これからお二人に、あるシーンを演じてもらいます。そんなに難しいシーンでありません。そうですね、お二人は同じ会社の同僚という設定にしましょう。社内で出合って、立ち話をする、そういうシーンを即興でやっていただきます。
ただし、一つだけ条件をつけます。「さしすせそ」を言ってはいけません。会話の中に「さ」「し」「す」「せ」「そ」のどれかが入っていたらアウトです。例えば、「おはようございます」と言ったら、「す」が入っているのでアウトとなります。いいですか、では、よーい、スタート。

Aさん こんにちは。

Bさん　おお、元気?
Aさん　……。
Bさん　近ごろ、どう?
Aさん　ぼちぼち。
……(間)……
Bさん　悩みとか、ない?
Aさん　あ、あ、あるよ。
Bさん　何?
Aさん　……。
Bさん　何でも言って。
Aさん　……人間関係。
Bさん　例えば?〔たたみかけるBさん。〕
Aさん　……。
Bさん　落ち込んでんの?
Aさん　……。
Bさん　何でも言ってごらん!
Aさん　あー、……うまく、いかない。
Bさん　何が?
Aさん　……ええ……企画。

高尾　はい、ちょっとそこで止めましょう。ありがとうございました。〔フロア、拍手。〕

このゲームには大きなポイントがあります。このゲームで勝つためにはどうすればいいでしょうか？「さしすせそ」を言わないようにしたら勝ちます。少なくとも負けません。これはゲームのルールです。ただ、見ている側の人たち、お客さんは何を求めて見ているでしょう？

フロア　失敗すること。

高尾　そうですよね、見ている人たちはどっちか「さしすせそ」言わないかなあって期待して見ているわけです。ですからここには、「さしすせそを言わない」というゲームのルールと、「さしすせそを言ってほしい」というお客さんの期待に応えるという舞台のルールと、二つの相反するルールが同時に存在するんですね。

舞台上の役者は「さしすせそ」を言うことでお客さんを喜ばせることができる。ゲームで求められていることと、役者としてお客さんから求められていることが違うんです。

そもそも、演劇を見に来ているお客さんは、舞台の人が変化するのを見るのが好きなんです。これは演劇の本質的なことでもあります。即興演劇

において「演劇とは何か」を考えたときに、私がいちばん重要だと思っている要素は「人が人を変えること（A changes B）」ということです。演劇は人が人に変えられるのを観に行くところです。安定した関係が、何かのできごとで大きく変わるのを見ると、人は演劇的な満足を得られます。

そして、失敗というのは、人が変化する大きなきっかけとなります。ですから、ずっと同じように失敗を避けて淡々としていると、お客さんは早く失敗しないかなと思うんですね。ここにちょっとしたパラドックス、二重構造があります。

もし、舞台の上でさしすせそを言ってしまったとしても、そこでその人が「ああ、言っちゃった！」ってうまく変化すれば、お客さんはその人のことを好きになります。

では、今度は違うペアでやってみましょう。どなたかお二人出てきていただけますか？

＊Cさん（女性）、Dさん（女性）、登場。

高尾　さきほどのお二人はルールに忠実に慎重にやっていただきましたが、今度は、わざと言う必要はありませんが、さしすせそを言わないということにさほど神経を使う必要はありません。そのかわり、さしすせそを言ってしまったときに、ごまかしたり、「言ってないですよ」と言ったりせずに、また、落ち込んだりもしないで、「ああ、言っちゃった!」みたいに変化してみてください。
シーンは今度も同じ会社の中で出合った同僚どうしということでお願いします。あまり慎重になりすぎないように……。よーい、スタート。

Cさん　こんにちは〜。
Dさん　こんにちは。
Cさん　昨日、ごはん、何食べた?
Dさん　昨日は……ええと、お肉。豚。
Cさん　豚、好き?
フロア　あ!「好き」やって!
Cさん　ははは!　やってもうた!〔フロア、笑い。〕
高尾　はい、これで、お客さんは、Cさんのことが好きになりました。もし、二人が慎重になりすぎて、ずっといつまでもうまくやっていたら、お客さんは二人のことがだんだん嫌いになっていきます。「あいつら自分を守りやがって」みたいな。お客さんはそういうリスクを取らない人が嫌いです。そして、その人に対して「早く失敗しろよ!」と敵対的になります。
インプロの世界では、失敗のしかたを学ぶことがとても重要です。即興でやっていますから、うまくいかないこと、失敗が必ず出てきます。でも、その失敗をうまく見せることができれば、それをお客さんが楽しむことができる。そのコツは、失敗をごまかしたりしない、それをきっかけにうまく変わるということなんです。

その変わり方の基本は、ネガティブに変わるのではなくポジティブにオープンに変わるということです。失敗したときに落ち込んでしまうと、それを見ている人は笑えないですが、「うわああ、やっちゃったー」ってなると、みんな笑えます。

それをもうちょっと練習してみましょう。五人ずつのチームを二組つくって、勝ち抜き戦をやってみましょう。

＊一〇人が二つのグループに分かれて並ぶ。

高尾　じゃあ、先鋒の方、真ん中に出てきてください。

＊Eさん（男性）、Fさん（男性）、登場。

高尾　実験室のシーンにしましょう。二人の科学者になってください。はい、スタート。

Eさん　何？

Fさん　た、たいへんなことに、なってます！……あれ!?〔フロア、笑い。〕

高尾　はい、こうしてすぐやられてしまう人もいますね。お客さんはこういうの、大好きです。では、こちらのチーム二番手の方、どうぞ。

＊Gさん（男性）、Fさんに代わって登場。

高尾　次は、社長と秘書でいきましょう。どっちがどの役になるかは、やった者勝ちです。この場合、どちらが「さしすせそ」を言いやすいか、わかりますよね（笑）。はい、スタート。

Eさん　おっ、どうだった？

Gさん　うまくいきました。あああっー！〔フロアから、拍手。〕

高尾　では、三番目の方、どうぞ。

＊Hさん（男性）、登場。

高尾　みなさん、感じてますか。お客さんはだんだん、Eさんのことが嫌いになりつつあります（笑）。
それでは、ここからは「たちつてと」禁止にしましょう。シーンは、道

に迷った人と道を教える人。いきます、よーい、スタート。

Hさん　スミマセン、ワカラナイ、駅、ワタシ……？　しまった！〈頭を抱える。〉

高尾　うまいことやろうとして失敗してしまう人もいます（笑）。

＊Iさん（男性）、登場。

高尾　では、同じく「たちつてと」禁止で、今度は、幼稚園児のお兄ちゃんと弟。いきますよ、よーい、スタート。

Iさん　おい、おとうと！　……あああー。

フロア　何やっとん、おまえ一撃やんか。

Iさん　いや、「お兄ちゃん」って言おうとしたら、あ、「ち」が入ってる、あかんと思って、とっさに「弟」って言ってしもうた……。〈フロア、笑い〉

高尾　もう、こちらのチームは、あっという間に五番手の大将の番になってしまいました。

＊このあとは、この大将が強く、逆に相手のチームの全員を勝ち抜いて逆転勝利とい

う結果になる。シーンとしては、〈サッカーの選手と監督〉〈スーパーに並んでいるミカン〉〈医者と患者〉〈離婚調停中の旦那と奥さん〉〈農作業をする人〉と続いた。

また、途中で「かきくけこ禁止」に変わった。

高尾 「さしすせそ」を言ったあと、ものすごく落ち込んでしまったら、これもお客さんは見ていて楽しくなくなります。この落ち込んだ様子を見せることを、心理学ではセルフ・ハンディキャッピングといいます。これは「自分で自分をもう十分に罰しているから、もう罰を与えないでくれ」というメッセージを見ている人に与えます。これを見るのはお客さんは好きではありません。お客さんはサディストではないからです。

サーカスのピエロは失敗のプロフェッショナルです。失敗を見せることが仕事といえるでしょう。ピエロは玉乗りの玉から落ちたときに、「はぁー」と落ち込んだりはしません。万歳をして、目を大きく開けます。これを「サーカスのおじぎ（circus bow）」といいます。これでお客さんを喜ばせます。

このような失敗はお金を払って見る価値があります。なぜなら、日常生活では、このように失敗している人はほとんどいないからです。だいたいはごまかしたり、過度に落ち込んだりしています。

日ごろ、失敗しないように闘っている職場、お仕事をしている人たちにとっては、上手に失敗する――わかりやすく、しかもポジティブに失敗する――ことは、たいへんに難しいことです。失敗してしまうと、それによって足下をすくわれるという危機感を抱いて働いている集団でもそうです。失敗できないという環境は、責任感を持って仕事をしていくといういい面として出ることもあるでしょうが、悪くすると、仲間が困っているのに助けられないということが出てきてしまいます。失敗をしても、社内の評価が下がって同僚に競争で負けてしまうなどという意識が出て、他の人に隠して自分だけで処理しようとしたりすることも起きるかもしれません。

インプロは即興ですから、必ず失敗します。でも、もしこの失敗のしかたを身につけることができたら、失敗してもお客さんを満足させることができる。失敗することが怖くなくなってきます。私はこれを「インプロ界の受け身」と呼んでいます。

#4 サンキュー

高尾　それでは今度は、からだを使った、創造性にかかわるゲームをやりましょう。今日まだ、組んでいない人と二人組をつくってください。今からやるのは、【サンキュー】ゲームといいますが、最初にまず【シンプルサンキュー】というゲームを練習してみます。お二人、お願いしていいですか？

＊Aさん（男性）、Bさん（男性）、登場。

高尾　まず、一人の人が、どんなものでもいいのですが、あるポーズをつくって静止してください。

＊Aさん、ポーズをとる。

高尾　Bさんは、Aさんを人形だと思ってください。今のポーズから、もとのまっすぐ立っていた状態に戻してあげてください。

＊Bさん、Aさんのからだに手を添えて動かして、まっすぐに立った姿に変える。

高尾　戻してもらった人は、戻してくれてありがとうという意味で「サンキュー」と言ってください。

Aさん　サンキュー。

高尾　そうしたら、今度は入れ代わって、さきほど戻してあげた人がポーズをつくります。そして、相手がそれをもとの立っている姿勢に戻します。そしてサンキューと言います。これを繰り返します。それでは、みなさんでやってみてください。

＊フロアのあちらこちらではじまる。三分くらい経過して、

高尾　はい、ここまでがウォームアップです。今度はいよいよ【サンキュー】ゲームになります。

今度は、二番目の人には選択肢が二つあります。一つ目は、さっきと同じように、まっすぐの状態に戻すという選択。二つ目は、このポーズを見て、自分も参加して、ポーズをとって、二人で一つの形、絵や彫刻のようなものをつくるという選択です。

何か具体的な日常生活の一場面のようなポーズでもいいし、芸術作品にあるような抽象的なものでもかまいません。一人では意味がわからないものだったのが、もう一人が加わって意味が出てくるということもあります。はじめの人のポーズを見たときに、あたまの中に何かが浮かんだら、加わってください。二人で完成したら、最初にポーズをしていた人が「サンキュー」と言います。もちろん何も浮かばなければ、一つ目のもとに戻すという選択肢でOKです。このときも、戻された人は「サンキュー」と言ってください。では、やってみましょう。

＊フロア、盛りあがって、バッターのポーズにピッチャーのポーズで加わって野球の

シーンになったり、二人で戦隊ヒーローのようなポーズになったり、いろいろなシーンやオブジェがつくられていく。最初のポーズを見て、うーんと言ってもとに戻すペアもある。五分くらい経過して、

高尾　はい、今度は全員でやりましょう。全員で一つの大きな輪になってください。誰か一人が輪の中でポーズをつくります。お願いできますか？

＊Cさん（男性）、真ん中に移動し、ポーズを決める。

高尾　これを見て、何かを思いついた人がいたら、誰でもいいので加わってください。足がちょっとつらそうです（笑）。どなたか、どうぞ。

＊Dさん（男性）、加わる。

高尾　そうしたら、周りで見ているみなさんは、この二人の作品が美術館にあったとして、これにタイトルをつけてみてください。

観客1　忍法。

観客2　太った忍者！

観客3　伊賀のブーブー丸！

高尾　はい、そうしたら、Cさんは、Dさんに「サンキュー」と言って、抜けてください。Dさんは、そのポーズのまま、その場に残ります。今度は、ここに誰かが加わって、さきほどのとは違う作品をつくってください。

＊Eさん（女性）、加わってポーズ。

観客4　ハネムーン。
観客たち　なるほどー。
Dさん　サンキュー。

＊Dさんが抜けてEさんが残る。残ったEさんに、F（男性）さんが加わる。

観客5　知恵の輪。
Eさん　サンキュー。

＊このあと、どんどん人が入れ代わり、それぞれの作品に〈撃たないで〉〈これください〉〈おなかが痛い〉〈発車オーライ〉〈ご臨終〉などが名づけられていく。ポーズを的確にとらえたタイトルに笑いと拍手が起こる。

＊高尾、見ている人たちの輪の中で隣り合わせの二人を選び、二人の肩に手を乗せて「ストップ」と言い、そのままの姿勢で止まってもらう。

高尾　みなさん、ちょっと中断して、こちら側にまわって、この二人を見てください。これを彫刻だと思ってください。何というタイトルをつけますか？

観客6　友情。

観客7　たそがれ。

＊高尾、再び、見ている人たちの後ろからそっとまわって、別の二人にストップをかける。

高尾　はい、では、この二人の彫刻はどうですか？

観客8　距離感。

観客9　倦怠期。

観客10　ビミョー。

＊高尾、次々に、違う人をストップさせて、それにみんながタイトルをつけていく。

高尾　はい、ありがとうございました。リラックスしてください。〔フロア、拍手。〕ペアでやった場合もみんなでやった場合も、アイディアを出すときに、二通りの状況を経験されたのではないかと思います。一つは、見た瞬間に

「これだ！」というふうにピーンとアイディアが浮かぶような状況。もう一つは、誰も入らないからどうにかしなきゃといってアイディアを考える状況です。

一つ目の、パッと自動的に何かが思いつくときの状態を、インプロの言葉ではスポンタナエティ（spontaneity）といいます。【魔法の箱】のときにもお話ししましたが、「自然に生まれる」という状態です。

まったく努力をしないで思いつくときと、何かをひねり出すようにして思いつくときがあるのは、即興の舞台をやっていても同じです。今の【サンキュー】ゲームをやっているときもその両方を体験します。

ただ、私たちが経験上わかっているのは、楽しんでやっているときでないと、このスポンタナエティの状態にはなかなかなれないということです。義務感や評価を気にしているような状態では難しい。こういうスポンタナエティの状態をつくるには、どうしたらいいのか、それをインプロの舞台に立つとき、私たちは考えています。どうしたらそういう環境をつくれるのか。恐怖を取り除くということもその一つです。でも、それは日によっても違いますし、自分で意識的にコントロールできないという面もあります。

何かを創造するというときの「意識と無意識」の関係を、私はよく人と馬にたとえます。人が意識で、馬が無意識です。人が馬にすべて言うことを聞かせようと、すべてを指示どおりに動かそうとすると馬は動けなくな

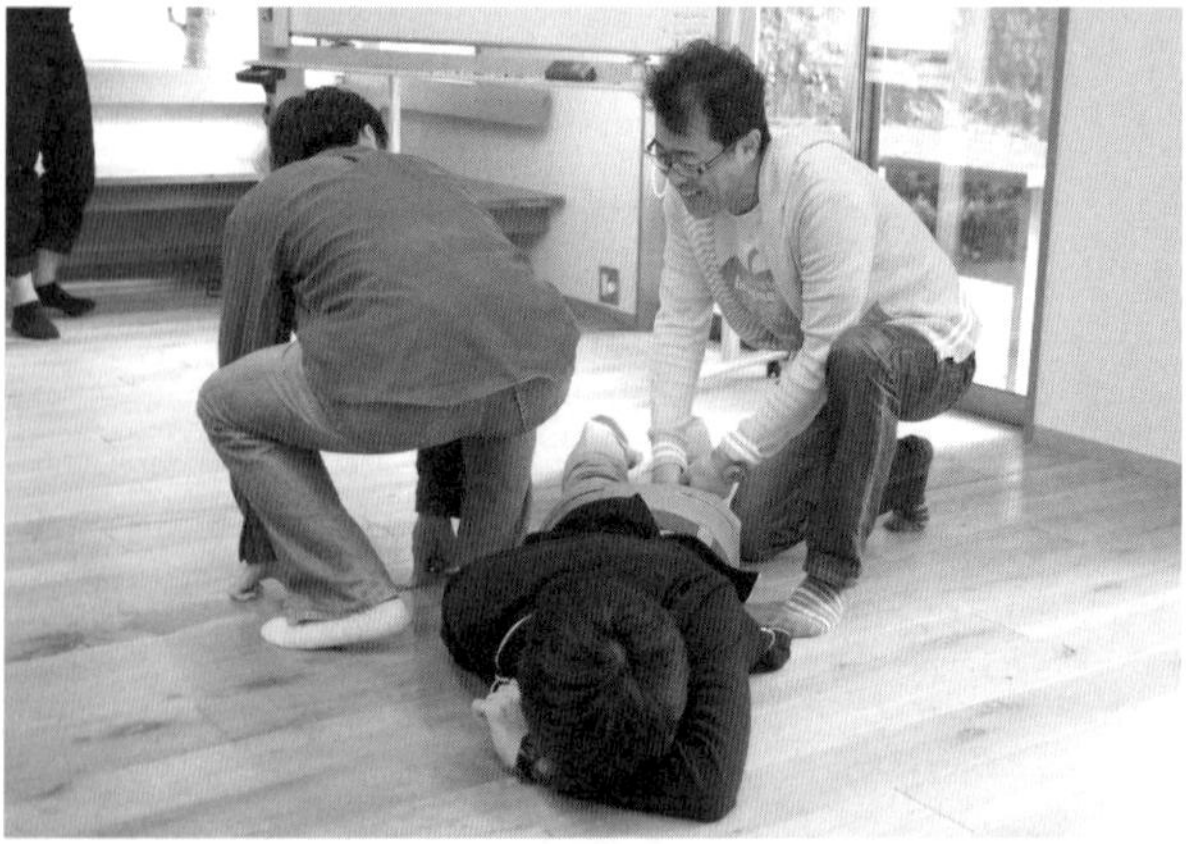

ってしまいます。また、勝手に馬が動かないようにと縛りつけてしまったら馬は死んでしまいます。かといって、馬に勝手に走らせてしまうと、のぞむところに行くことができなくなってしまいます。馬が自由に動きながら、ある程度人の意向に沿ってくれる、そのような幸せな関係をどのようにしてつくることができるのかを常に考えています。

失敗ができなかったり、評価の目にさらされていたりする場でいかにスポンテイニアスになれるのか。それは、インプロバイザーにとっては、とても大きな問題です。

チクセントミハイという心理学者がフロー理論という理論をつくっています。その人の能力と課題の難しさがちょうど合ったとき、あとちょっとでこれができるというところに課題を設定したときに、その人は我を忘れてそのことに熱中し、そしていつの間にかできるようになってしまうというものです。この熱中している状態のことをフローといいます。スポンタナエティとフローは同じようなことをいっているのかなと思います。

ワシントン大学にインプロと組織のことを研究しているキース・ソーヤーという研究者がいます。彼の本である〝Group Genius〟は『凡才の集団は孤高の天才に勝る』というタイトルで翻訳されています。彼はもともとジャズのピアニストで、即興で演奏しているバンドがうまくいっている状態と、うまくいっている組織が似ているんじゃないかなと思い、シカゴ

大学のチクセントミハイのもとで研究をはじめます。そして、ジャズバンドやインプロ劇団の観察を重ねました。彼はグループフローということを言っています。つまりフローは個人のことだけではなくて、組織でも起こるということなのです。組織の能力よりちょっと難しい課題が与えられたとき、組織の中でコミュニケーションが生まれ、そこからお互いにインスパイアされ合って、熱中しているうちに、その課題ができるようになり、それにともない、能力があがるというものです。でも、どの組織でもそれが起こるわけではない。それはどういう組織で起こるのだろうか。そのヒントがソーヤーはインプロにあると思いましたし、私もそんな気がしています。

#5 ワンワード

高尾　では、また違うタイプのゲームをやってみたいと思います。インプロバイザーは、役者であると同時に、演出家でもあり、また脚本家でもあります。インプロはふつうの芝居のようにあらかじめ台本があるわけではないので、ストーリーもその場で即興でつくらなければなりません。

しかも、私たちインプロバイザーは、その作業をみんなでやります。一つの物語をチームでつくります。それがインプロの難しいところであり、おもしろいところでもあります。
それでは、今からそういうゲームをやってみましょう。【ワンワード】というゲームです。新しい二人組をつくってください。どういうものかをちょっとやってみたいと思います。ご協力をお願いしていいですか？

＊Aさん（男性）、登場。

高尾　Aさんと私、二人のチームで、一つの物語を即興でつくっていきます。一人がひと言ずつ声に出して、それをリレーしてストーリーをつくっていくというゲームです。もともとが、英語でひと単語ずつ話してリレーしていったので、「ワンワード」という名前がついたのですが、日本語でおこなう場合は、助詞とか助動詞まで含めて「ひと言」ということにして、それを交互に話していくことにしています。
では、やってみましょう。冒険の物語、森の中を探検していくという設定にしましょう。

高尾　私たちは、
Aさん　これから、
高尾　森の、
Aさん　中に、

高尾　入る。

高尾　こんな感じですね。もう少し続けてみます。言葉に合わせて動作もつけていきます。

高尾　森の、

Aさん　中には、

高尾　たくさんの、

Aさん　小鳥たちが、

高尾　さえずっています。

＊上を見上げて、鳥の声を聞く動作。

Aさん　しかし、

高尾　小鳥たちは、

Aさん　われわれの、

高尾　ことを、

Aさん　どうも、

高尾　きらって、

Aさん　いるようだ。

＊顔をしかめる。フロア、笑い。

高尾 だから、

Aさん 私たちは、

高尾 鳥を、

Aさん 殺してしまいました。

＊鳥を銃で撃つ動作。フロアから「えー」の声。

高尾 というような話のつくり方をしていきます。ひと言ずつ言いながら、一文ができたところでからだも動かしてみてください。それぞれのチームで森の中を探索していきます。場所を広くとって……、では、どうぞ。

＊全員がゲームをはじめる。二分ほどしてストップの合図。

高尾 こうやってストーリーをつくっていくんですけれども、人によっては、このゲームを難しく感じる人がいらっしゃるかと思います。冒険の物語をつくっていくということは、予測不可能なことがどんどん起きていくということなのですけれども、私たちの日常生活では予測不可能なことが起きないように、起きないようにしているわけなんですね。日常と逆のことをやるのがこのゲームです。森の中に入ることすらたいへんな人もいます。

森に入ると予測不能な変なこと、やっかいなことが起きる。だから、森の手前で、いろいろなことをして時間を稼いだりします。看板が出てきてそれを読んだりとか、キャンプ用品を買いに行ったりとか、森に入るまえに準備をするようなことが起こるんですね。あるいは、森に入ったけれども、どんどん奥に入っていかないように、足下の根っこに引っかかったり、キノコを見つけたり、おなかが痛くなったりとか。無意識のうちにも、リスキーなほうへ、不安定なほうへ行かないようにするのが人間のふつうの自然なふるまいだともいえます。なるべく話を長くして先延ばしにするとリスクを避けることができます。でも、これでは何も変化はしません。

あとは、「〜じゃなくて」とか、「〜はやめて」とか、否定の言葉もよく出てきます。否定は物語が先に進まないようにするためのサイドブレーキです。キース・ジョンストンの表現でいうと、肯定をする人は冒険を手に入れることができ、否定をする人は安全を手に入れることができます。肯定する人は変わっていき、否定をする人は変わりません。

それから、ネガティブなものもよく出てきます。最初につくったお話も鳥を殺してましたよね。ポジティブになると、どんどん先に進んでいく。だからネガティブになって先に進まないようにします。あと、先に進むとネガティブなできごとが起こるかもしれないので、最初からネガティブになって、ネガティブなことが起こっても変化しないですむようにします。

ただ、子どもは逆です。子どもたちがこのゲームをすると、もうどんどん中へ行きます。だいたいすぐ化け物が出てくるんですが（笑）。でも、物語や絵本では、森に入って何も起こらず外へ出てきちゃうということはありませんよね。ストーリーにはそういうできごと、冒険の要素が必要なんです。主人公が変化することが必要なんです。

今度はそういう練習をしてみましょう。やっぱり森に入ります。そして今回は、森の中で何か巨大な怖いもの、モンスターに出会って、そして、逃げて帰ってください。

このときに、なるべく早く帰ってくるようにしてください。自然にまかせてやっていると、どうしてもモンスターに出会うのが怖いから、出会うまでの時間を引き延ばすようになります。また、モンスターが何かを決めてしまうのが怖いので、「緑色の」「毛むくじゃらで」「足が三本あって」……というようにモンスターの描写をどんどん引き延ばしていく傾向も出てきます。あっさりしすぎているくらいがいいですね。早ければ三〇秒くらいで帰ってくるくらい。では、森の前に立っているところからはじめましょう。よーい、スタート。

＊一分ほどで、一組を残して終了。取り残されたように続けている最後の組は収拾がつかずに終える。

高尾　はい、ほとんどは無事に帰ってこられたようですね（笑）。シチュエーションを変えてみます。今度は、森に入って、怖いものに出会って、その出会った怖いものと何らかのかたちでかかわってみてください。これが次のステップです。もう一回、森の前からスタートしましょう。はい、どうぞ。

＊再開。二分ほどで、ストップの合図。モンスターに倒されて床に倒れている人たちもいる。

高尾　この【ワンワード】を舞台上でやると、役者の中に恐怖心が強いときには、うまくストーリーがつくれなくなるんです。このあとどうなるかわからない世界に飛び込むこと、リスクに飛び込むことはとても難しいことです。このように、たとえ実生活とは関係ないお話の世界であってもなかなかできません。それぐらいリスクに飛び込まず安全でいることは自分のからだに染みついています。

けれども、状況によってはリスクに飛び込まないことがかえって危険なことになることがあります。逆にリスクに飛び込んでいったほうが安全なこともあります。もちろん、いつでもリスクに飛び込めばいいとか、そのような単純なことではありません。ただ、インプロを通じて、自分にとってのリスクとは何か、そして、いかに自分がリスクに飛び込まないようなからだになっているのかに気づくことができるのではないかと思っています。

参加者のコメント❷

自分と向き合い、自分をふりかえる。

岡薫さん（女性・31歳）◎職種・業務＝アナウンサー、記者、ディレクター

ワークショップでやったことは全部覚えている。【ファストフードスタニスラフスキー】で、キャラクターの設定を決めて演じたとき、その設定を使って、より「素の自分」になれた。設定があったから、何をやっても許されたように思う。

【次、何しますか】で、森の中を歩いて、先導するとき、あるいは【イルカの調教】のとき、自分は「ゼロ」だった。誰かのために何かをすることだけを考えていた。おわってはじめて、自分を意識する。やっている最中は特に気持ちがいいという感じはしなかったが、全部おわってから、楽しかったという気持ちになった。

取材では、相手の人の言葉をいかに引き出すかということしか考えていない。このときも自分はゼロである。相手の気持ちになって、できごとの経緯を聞いて、こういう人だということをつかんで、その人の考え方を推測する。カメラの前で原稿を読むときは、原稿を書いた人のことを考える。なぜこう書いたのかと考える。

「自分とは何か」ということを考えると、自分がよくわからなくなる。仕事をするときは自分はなく、相手のことを考えてやっている。そして、おわったあとに、他の人から「あなたらしいね」と言われる。だから、「自分とはこういうものだ」というものはもともとなくて、相手とのかかわりの中でできてくるものなのではないかと思う。ふだんはあまり考えていなかったことだけれども。

入社時の気持ちを忘れないように、折にふれてふ

＊研修の3ヶ月半後に高尾がおこなったインタビューをもとに構成しています。年齢・所属等は研修時のものです。

りかえることが大切だと思うが、なかなかその機会は少ない。今回のインプロ研修はそのきっかけになった。自分の「素」を出すことが、自分の好きだったことを再発見することにつながり、テレビ局に入ったときのこと、そのころの自分をふりかえることになった。

インプロ・ワークショップでは、いろいろなゲームをやるだけでなく、なぜそのときそう動いたのか、どうしてそういう結果になったのかということを問われる時間があったので、その理由を考えて、ハッと思う。実際にからだを動かすと、これをやったときはいつも同じだなというように、それまで気づかなかった自分を見つけるきっかけになる。

また、研修ではからだを動かしたあとで、感想を書く時間がたっぷりとあり、このときに、自分自身と向き合い、自分を考えることになった。感想を書くという行為は自問自答。だから自分と向き合える。ビジネスにはビジネスとしての、行動の理由や論理があるが、インプロでやったことはそれらとは離れている。ふだんやらないことをして、ふだん考えないことを考える時間だった。仕事と離れた研修だからこそ、初心をふりかえったり、自分と向き合って自分を見つめたりする機会になったのかもしれない。

研修の中で出てきた印象的な言葉に「give your partner a good time.」というものがあった。テレビの仕事は今、数字主義の傾向が強い。でも、このままいったらテレビはおわってしまう。視聴者層を広げる質の高い番組をつくっていかなければいけない。

視聴者に寄り添うものをつくると言って、数字のためのテクニックに逃げていることがある。そうではない理論に裏打ちされた技を確立したい。見ている人が有意義な時間を過ごせたと思えるようなものをつくっていきたい。小手先のテクニックでなく、中身の勝負で絶対数字は取れると思っている。それを証明したい。

#6 ティルト

高尾 美術が色の芸術で、音楽が音の芸術だとすると、演劇は関係の芸術といえると思います。人は関係が変わるのを見るために演劇を観るのだともいえます。今度は、その関係の変化にかかわるものをやってみます。【ティルト】です。また、お二人の方に協力していただきたいのですが、どなたかお願いできますか？

＊Aさん（男性）とBさん（男性）、登場。

高尾 （椅子を並べてソファーに見立てる。また別の椅子を二つ合わせてローテーブルに見立てる）、歯医者さんの待合室のシーンをやってもらいます。まずは、先に一人が待合室にいて順番を待っている。一五秒くらいして、もう一人が入ってきます。どちらが先にいる人をやりますか？ はい、じゃあ、Aさん、こちらに座ってみてください。待合室には、よく雑誌などがありますから、これ（雑誌）をどうぞ。

＊Aさん、雑誌を手にとって、椅子に腰かける。

高尾　「ティルト（tilt）」は「傾く」「傾き」という意味ですが、傾くまえに、まず、フラットな安定したシーンをつくります。

　最初の一五秒くらい、Aさんは雑誌を読んでいてください。このような何も起こらない部分をインプロでは「プラットフォーム」といいます。その間、何も起こりませんが、お客さんはちゃんと集中して見てくれます。

　一五秒ぐらいしたら、Bさん、入ってきてください。でも、ふつう、知らない人にすぐには話しかけたりしませんよね。座って、しばらく間をとって、「すみません、予約は何時ですか？」と、Aさんに話しかけてください。そうしたら、Aさんが「僕は二時なんですけど、ちょっと長引いているみたいですね」みたいに、まあ、たわいのない、待合室でありがちな会話をしていってください。そのあとに何かが起こるので、それまではなるべくたんたんと進んでいくようにしましょう。よろしいでしょうか。では、やってみましょう。

＊Aさん、雑誌のページをぱらぱらめくっている。一五秒ほどたって、Bさんが待合室に入ってくる。Bさん、座ってしばらく落ちつかない様子。

Bさん　すみません、今、何時ですか？
Aさん　四時一〇分です。
Bさん　予約って、何時ですか？

Aさん　私、四時なんですよ。
Bさん　あ、僕はそのあとです。だいぶ、かかりそうですかね……。
Aさん　……そう、ですね。
高尾　はい、そこまででけっこうです。いいですね。何も特別なことは起きていないけれども、ここがどういう場所で、今、何をしているところか、だいたいわかりましたよね。
　で、ここに何かが起こるわけです。何が起こるかは、Bさんだけに伝えたいと思います。Bさん、ちょっと二階へ行きましょう。
＊高尾、Bさんを連れて二階に上がり、これから起こること（Bさんにやってもらいたいことを）伝える。
高尾　（Bさんと戻って）、さあ、では今のシーンを最初からやってみましょう。はい、どうぞ。
＊Aさん、雑誌のページをぱらぱらめくっている。一五秒ほどたって、Bさんが待合室に入ってくる。Bさん、座ってしばらく落ちつかない様子。
Bさん　すみません、今、何時ですか？
Aさん　四時一〇分です。

Bさん　予約って、何時ですか?
Aさん　私、四時なんですよ。
Bさん　ああ、遅れてますすねえ。
Aさん　そうですね。

＊しばらく間。

Bさん　……実は、僕、ここの歯医者なんです。
Aさん　えっ……。あなたが先生……なんですか!?
Bさん　そうです。誰も診察してないから、遅れているんです。
Aさん　で、でも、さっき、何か音がしてましたけど……。
Bさん　いや、誰もいないですよ。
Aさん　そんなこと言ったって……。〔フロア、笑い。〕

高尾　はい、ありがとうございました。これが「ティルト」です。安定した関係をつくっておいて、Bさんが「実は私が歯医者です」って言った瞬間から二人の関係が変わりましたよね。この変化のきっかけになった言葉や動きのことを「ティルト」といいます。
　ここで、お客さんが笑っていましたが、何を笑っていたかというと、Aさんのリアクションを見て笑ったんですね。Bさんが「変える人」、Aさ

んが「変わる人」です。ただ、惜しいのは、Aさんが「でも、さっき音がしてましたよ」っていうセリフで、またちょっと戻ってしまいましたね。せっかく傾いたのが少し戻っちゃいました。これは自然な流れだともいえます。なぜかというと、傾いたら修復しなければならないのが私たちの日常だからです。でも、演劇では、戻らないで、もっと傾く方向にいきたいんですね。

では、もう一組、同じシーンをやってもらいましょう。今度はもう少し強いティルトを試してみましょう。では、お二人にお願いします。

＊Cさん（男性）とDさん（男性）、登場。

高尾　あとから入るのはDさんですか？　では、Dさんと裏で打ち合わせをしてきますので、少し、お待ちください。

＊高尾、Dさんを連れて二階に上がり、ほどなく戻ってくる。

高尾　じゃあ、やりましょう。時間を尋ねるところからはじめてください。ゆっくり時間を使ってください。はい、どうぞ。

Dさん　すみません、

Cさん　はい？

Dさん　今、何時ですか？
Cさん　今？　えー、四時一五分です。
Dさん　ああ、予約は何時なんですか？
Cさん　僕、四時です。
Dさん　あ、そうなんですか。お、おしてるんですかね……。
Cさん　ええ、まあ、そうみたいですねえ。

高尾　そこで五秒くらい沈黙して。

Dさん　て言うかね……、僕、昨日、この病院で死んだんです。
Cさん　……、えっ？
Dさん　麻酔。麻酔のミス。
Cさん　……。〔あっけにとられた表情。〕
Dさん　いや、でも、痛みとか、苦しみとかなくて。気づいたら……。
Cさん　……。〔静かに遠いほうの椅子に移る。フロア、笑い。〕
Dさん　今日だけ、あの……（泣きながら）話したくて……もうすぐ……（泣き崩れる）
Cさん　あ、あの、お名前は……。
Dさん　西村です……。

高尾 （Dさんに向かって）「もし、よければ一緒に行ってくれませんかね」と言ってみてください。

Dさん あの、言いにくいんですけれど、

Cさん はい、

Dさん さびしいんで、一緒に行ってもらえないですか？

Cさん ……。

Dさん （態度ががらっと変わって）おまえに言ってんだよ！

Cさん ちょっ、ちょっと、待って。

Dさん 一緒に来いよ。

Cさん で、で、でも……。

Dさん どうするんだよ。俺だってな、死にたくて死んだんじゃないんだよ。俺はまだ二八だよ。

Cさん 僕も、今、二五です。

Dさん そんな若かったのかよ。仕事は何やってんだよ？

Cさん 仕事は今、サラリーマンやってます。

Dさん 辛いだろ。俺もサラリーマンだった。親不知の治療でこんなことになっちゃって……。俺だってなあ、やりたいことまだたくさんあったんだよ！　俺の気持ち、わかるか？

Cさん　お察しします。

高尾　はい、どうもありがとうございます。〔フロア、拍手。〕

お客さんはCさんを見ているわけなんですね。追い込まれてのリアクションを見ている。ここで、Cさんが「えええ〜?」とかおおげさに驚いたりというようなそっぽいリアクションをしてしまうと、この世界は崩れてしまいます。このようにティルトには大きなものも小さなものもあるのですが、このようにして、安定したところから変わっていくのを見せるのがティルトというものです。

日常においては、傾くことは不安定なので、傾きを戻して安定させようとします。例えば、二人でいて、一人が泣き出したら、もう一人も悲しそうな顔をします。一人が泣き出したときに、もう一人が高笑いをするというのは日常生活ではあまりありません。このような傾きを戻そうとする習慣が人には身についています。

ティルトのシーンになって「私、実は昨日ここで亡くなりまして」と言っても、もう一人のほうはそれを受けて、「そうなんですか!?　実は私も昨日ここで亡くなりまして。奇遇ですね。」などと言いがちになります。こうすると、一人が人間、一人が幽霊となって一気に傾いた関係が、二人とも幽霊ということになり、また安定します。

日常生活ではこれが自然なのですが、演劇では逆です。関係が傾いたら、さらに傾ける方向に進んでいきます。何も起こさないようにするのが日常ならば、何かを起こすようにするのがドラマだからです

プラットフォームの部分では、CROW（クロウ）と呼ばれるものを決めます。CROWは四つの要素の頭文字です。Cはキャラクター(character)、登場人物です。Rはリレーションシップ(relationship)、関係です。登場人物どうしがどのような関係かということです。Oはオブジェクティブ(objective)、目的です。登場人物が何をしていて、これから何をしようとしているかということです。Wはウェア(where)、場所です。ここがどのような場所かということです。ここでつくられたプラットフォームでは、登場人物は二人の患者で、関係は知らない人どうし、歯医者さんの診察を受けることが目的で、場所は歯科医院の待合室ということになります。

プラットフォームでは、ゆっくりと時間を使います。何も起きなくても、お客さんは不満を感じることなく見ています。舞台に上がると、とたんに何か言わなきゃ、何かしなきゃと焦ってしまいますが、急いで何かを言ったりしたりする必要はありません。舞台上は客席よりも時間が速く流れていますので焦ってしまいがちです。しかし、もし冒頭の部分で焦っていろんなことを言ったりやったりしてしまうと、安定したところができません。

そのあとで、何かを言ったりやったりして傾けようとしても傾かなくなってしまいます。傾くためには、傾くまえの平らなところが必要なんです。

プラットフォームでは、お客さんはゆっくりと見てくれています。そして、見ながらそろそろ何かが起きるだろうと思っています。そして何が起こるのかと予測をしています。

演劇は安定と変化からできています。ゆっくり丁寧に安定をつくったら、ここで何か変化を起こす必要があります。そして、変化が終わるとまたそこで安定して、しばらくしてからまた変化して、というふうにしてドラマは進んでいきます。安定したのをしばらく見て、それが変化をするのを見るのが、私たちはものすごく好きです。だから、人はドラマを二時間も三時間も観ることができます。

#7 ぬいぐるみ

高尾　今日のワークショップのために、非常に才能あふれる俳優に来ていただいています。

＊高尾、袋に手を入れて、クマのぬいぐるみ取り出す。

高尾　この方はほんとうに優れた俳優です。まず、人の話をよく聞きます。人の話を聞かない役者が多い中、ほんとうに人の話をよく聞く。さらに、よけいなことを言いません。また、どんな危険で苛酷なハードなアクションも（そういって、ぬいぐるみを上に放り投げて回転させる）、スタントなしでこなします。あと、ギャラが安い（笑）。

このぬいぐるみと共演してくださる方を一人、募集します。どなたかお願いできますか？

＊Aさん（男性）、登場。

高尾　よろしくお願いします。（クマのぬいぐるみを椅子に座らせて）こちらは奥さんです。三日まえにすごい夫婦げんかをしました。怒りにまかせてあなたは家を飛び出しました。二晩ホテルで寝泊まりをして、あたまを冷やして、手を出してしまって悪かった、奥さんに謝ろうと家に帰ってきた。そういうシーンをやってみたいと思います、

奥さんはソファーに座ってずっとテレビを見ています。何もしゃべりません。お人形さんごっこで一人遊びしているときのようにぬいぐるみにしゃべらせるのはなしにしてください。

スタートの合図のあと、一〇秒くらいしてから、すうっと入ってきて、会話をはじめてください。では、よーい、スタート。

＊Aさん、一〇秒くらいして、ゆっくりドアを開けて部屋に入る。ぬいぐるみのほうを見ながら、ソファーにそっと腰かける。

Aさん　ひさしぶり。

奥さん（ぬいぐるみ）　……。

＊長い沈黙。

Aさん　何も聞かないんだね……。

奥さん　……。

Aさん　ふつう、何か聞く、よね？　二日も帰ってないんだから……さ。

奥さん　……。〔無言でテレビを見続ける。〕

高尾　そこのリモコンを取って、テレビを消してください。

Aさん　〔テレビを消して〕人が話しているのにテレビはないでしょ。……それは確かに申し訳ないと思うところもありますよ。しかしまあ、ね、けんかはお互いさまっていうじゃない？　だいたい私も、まあ、そんなに怒るほうじゃないんだし。

奥さん　……。〔画面が消えたテレビを見続けている。〕

Aさん 何かしゃべろうよ。
奥さん ……。
Aさん だから、ね。
高尾 話を聞いてと、こちらに向きを変えてみてください。
Aさん ちゃんと向き合おうよ。〔ぬいぐるみの向きを変えて向き合う。〕

＊長い沈黙。

高尾 しゃべれよ、って、殴ってみてください。
Aさん だから何かしゃべれよ！
奥さん ……。
Aさん ああ、もういい、わかった。もう一回、外を歩いてくる。〔部屋の外に出て行く。〕
高尾 はい、ありがとうございました。〔フロア、拍手。〕
とても不思議なんですけど、お客さんは人間の俳優を見る以上に、ぬいぐるみをじっと見ちゃいますよね。動かないし、しゃべらないと知ってい

るにもかかわらず、見てしまう。動かないぬいぐるみの表情やからだから多くのことを、読み取ろうとします。表現をしないことでむしろ、お客さんはその表現のすき間を想像力を働かせて埋めて見るようになる。今見たように、沈黙の時間が続いてもだいじょうぶなんです。

ただし、舞台上で表現のすき間をつくることや沈黙の時間をとることは難しいんです。客席の時間よりも舞台で流れる時間は速いから、お客さんにとっての沈黙の時間が、役者にとってはとても長く感じてしまう。何か埋めなきゃ、何かしゃべらなくてはとあせると、どんどん、なおさら時間が速くなっていくんです。

もし、舞台に上がっても、お客さんの時間の流れでゆっくりかまえていられると、お客さんも安心して見ていられるし、表現のすき間を想像しながら、参加しながら劇を楽しむことができます。今のシーンは、ゆっくりできていましたので、それができたと思います。なかなかこうはできません。はじめての人がやるともっともっと速くなっていきます。Aさんはとても落ち着いてやっておられたので、劇の世界として成立していたと思います。

今度は同じことを、人間どうしでやってみましょう。男性の方と女性の方、お一人ずつ出てきていただけますか?

＊Bさん（男性）、Cさん（女性）、登場。

高尾　女性の方は、こちらの椅子に座ってください。ぬいぐるみのようにずっと同じところを見つめたまま、ずっと動かないでいてください。そのまま、姿勢も表情も変えないようにしてください。

　また、夫婦の設定にします。ご主人の携帯に連絡が入りました。奥さんが事故にあったと。出張中で遠くにいたので新幹線に乗って帰ってくるのですが、その間に、病院からの電話で様子を伝えられます。どうやら一命は取り留めたと。ケガもないのだけれど、打った場所が悪く、何に対しても反応しなくなってしまったということです。ご主人はまっさきに病院に向かいます。病室に入って、奥さんに対面するところからシーンがはじまります。

「どうした！」と駆け込みがちですが、こういうときに人はかえって落ち着こう、気丈にふるまおうと思うものです。病室には取り乱した様子で入らず、ゆっくりと落ち着いて入ってください。あまり心配を表に出さずにむしろ笑顔で話しかけようという感じでお願いします。劇ではコントラストを大事にしますが、このシーンは後半がかなり重いものになると思うので、最初は少し明るめにつくっておきたいと思います。スタートの合図があって、やはり一〇秒くらいしてから、病室に入ってください。よーい、スタート。

＊Cさん、椅子に座って窓の外を見ている。しばらくしてBさんが登場。

Bさん　（カーテンを開けて）どうもー、だいじょうぶですかー。
Cさん　……。
Bさん　なんか、事故にあっちゃったって聞いたけど……。
Cさん　……。
Bさん　聞こえてますかー。
高尾　ゆっくり時間を使ってください。セリフの間隔を一〇秒くらいあけてもだいじょうぶです。
Cさん　……。
Bさん　だいじょうぶ？〔椅子を取って、Cさんの横に座る。〕
Cさん　……。
Bさん　たいへんだったね……。
高尾　ゆっくり奥さんの手を取ってください。ゆっくりです。

Bさん だいじょうぶ？ （手を握りながら）だいじょうぶですか……。

Cさん ……。（何も反応しない。）

Bさん （奥さんの手をさすりながら）どうしちゃったんだよ……。

高尾 そのまま二〇秒沈黙して、泣きはじめてください。

Bさん ……。

＊Bさん、手で顔を覆い、静かにすすり泣く。

高尾 照明がすっーと消えていきます。

高尾 はい、ありがとうございました。（フロア、長い拍手。）

いいシーンでしたね。今のように、動きや言葉がたいへん少ないシーンだと、お客さんはその表現のすき間をたくさん埋めてくれます。お客さんのほうが動いてくれる。

ドイツの建築家ミース・ファン・デル・ローエの言葉に「less is more」というものがあります。少なければ少ないほどより多くなるという意味です。演劇の世界にも、表現するものを少なくすればするほど、伝わるものが多くなるということがあります。メッセージをたくさん詰め込

んでぐいぐいと伝えようとするものに対しては、観るほうが防御して受け容れないようになる。

表現のパラドックスともいえるのですが、お客さんに伝えようとし過ぎると伝わりません。すき間、沈黙の時間をつくると、お客さんはそのすき間を想像で埋めるかたちで劇の世界に入ってきてくれます。

また、私たちは、言葉やジェスチャーは多くのものを伝える道具であると知っているのですが、それらはうそを伝えるものでもあることを同時に知っています。それに対して、今のような、肩の動きや呼吸の様子は、うそを表現しないと私たちは思っています。

フィクションである演劇において、舞台上で起きていることに真実味があること、本物であること、英語でいうとトゥルースフル（truthful）であるということが、なによりも大切です。その本物らしさは、セリフをたくさんしゃべってメッセージを伝えようとすれば、かえって消えてしまいます。劇的世界は役者のからだとお客さんの想像力によってはじめてつくられるもので、それを私たちは大切に考えて、追求しています。演技しすぎないこと、お客さんの想像力の働きを大事にするということは、そのような演劇の本質的なところにつながっています。

参加者のコメント❸

仕事にダイレクトに結びつかないことのメリット。

藤井浩一郎さん（男性・39歳）◎職種・業務＝商品企画・営業推進部門のマネジャー

この一年半、業績が伸びてきているが、ここからさらに突き抜けていくためには、他社が追随できないクリエイティブなアイディアの創出が重要である。しかし、気持ち、モチベーションは強くあるのだが、なかなか良いアイディアや、それを形に変えるもう一段上のパワーが生みだせていない。

今回の研修で、創造性を発揮することは、あたまで考えることではなく、その人の当たり前をいかに鍛えておくかが重要だと感じた。失敗を恐れないことや検閲を排除したうえでアイディアをぶつけ合うこと。創造性が自然発生していくムードづくり、人づくり、組織づくりが大事だとあらためて感じた。

ワークショップでは、参加者が生き生きと、真剣に、楽しみながら動いていた。これは私たちの会社の価値観の一つ。それを肌で感じられたのがよかった。検閲のかからない雰囲気で、みんなが即興でアイディアをぶつけ合うという場がつくられていくのを体験した。唯一正しい答えはない中でのみんなのクリエイティブなぶつかり合い。仕事では、対話に参加する機会が多いが、より自由に話せるムードづくりが重要だと思った。

創造性のパラドックスの話があった。あたまでひねり出さずにありのままの自分を出すということは、日常の自分の生活のあり方が問われるということだろう。人づくり、組織づくりにおいて、パフォーマンスを最大化させるためには、そのためのスペースもしっかり確保すること。ふだんの過ごし方、仕事を含めた、人生という生活そのものが大事。仕事ば

＊研修の3ヶ月半後に高尾がおこなったインタビューをもとに構成しています。年齢・所属等は研修時のものです。

かりじゃなくて、文化、芸術、流行り廃りなどにふれ、いろいろなものと接点を持つ。

仕事はあたまで考えるだけではなく、からだで身につけたものを瞬間的に発揮する感性も重要だと思う。そして、個々の創造性をどう生かすか。これらを統合する人がいないと組織ではそれが生かされない。それが、自分の立場、マネジャーの仕事だと思う。

【ステータス】では、三人親子の中で息子役をした。力関係がどこにあるかでコミュニティの雰囲気が変わるということが楽しみながら体感できた。そして、そういう中で仕事のこと、お客さんとのコミュニケーションのことを考えた。

からだを動かして一緒にやっていると、組織的な一体感が生まれる。座って聞くよりは、参加型で椅子を離れてからだを動かしてやったほうが脳内に入りやすい。マンガ「ドラゴン桜」でもそういう話が出ていたことを思い出す。動いているときは答えが出ない。終わったあとでその意味を考えるという作業があるのがよかった。研修は楽しい時間であったが、自己否定も入る。「今まで検閲をかけすぎていた」などと。その自己への反省のあり方は、からだを動かしてやっているということと結びついているのではないかと思う。

実は、研修がおわった直後は悩んでいた。ダイレクトにビジネスに結びつかないものが多かったから。しかしそれだけに、その意味を考える時間をいただいた気がする。人材育成は「考えさせることが大事」といわれていることが実感できた研修だった。

ビジネスに直結しすぎると戦術的になることがある。演劇という直接仕事に関係ないものをやることには、人づくり、組織づくりの中で、何が重要なのかという原点を知るというメリットがあった。ビジネスを軸にしてやると即効性があるが、ほんとうにコアとなる大事なものに気づかないことがあるような気がする。

#8 ステータス

高尾　それでは、【ステータス】というものをやりましょう。まだ動く元気がある方、全員でやりましょう。お疲れになった方はご無理なさらないでください。だいじょうぶな方はこちらの舞台スペースに出てきてください。

＊一五、六人が前に集まる。

高尾　ある業界の立食パーティのシーンをやります。なるべくたくさんの人と交流してほしいと思うのですが、それにあたってちょっと約束事を設けます。みなさん、二つのグループに分かれていただけますか。

こちら側のみなさんは、「つま先を外側に向けて、胸も肩も開いて」立ってみてください。「呼吸は深く、ゆっくり」してください。この二つのことをしながら、パーティに臨んでください。

こちら側のみなさんは、「つま先を内側に向けて、胸も肩も閉じて」立ってください。「呼吸は、ハアハア、浅く速く」してみてください。

業界の設定は、おもちゃ業界ということにしましょう。今お願いしたことをやりながら、誰とでもいいので、いろいろな人と話をしてみてください。よろしいでしょうか。ではじめしょう、よーい、スタート。

＊にぎやかにパーティがはじまり、そこここで会話が交わされる。二分ほど経過して、

高尾　はい！　一瞬ストップしてください。では、この瞬間から、さきほどの条件が入れ替わります。つま先を開いていた人たちは、今度は、つま先を閉じて、肩も内側に向けて、呼吸は浅く速くしてください。つま先を閉じていた人たちは、今度は、つま先を開いて、胸を開いて、呼吸はゆっくり深くしてください。それでは、パーティを再開しましょう。いろいろな人に出会ってください。それでは、どうぞ。

＊パーティ再開。さきほどまで積極的に話しかけていた人が遠慮がちになったり、さきほどまで後ずさりしていた人がぐいぐい前に出ていくようになったり、変化があらわれる。二分ほど経過して、

高尾　はい、そこでいったん止めてください。では、また二つのグループに分けます。（二つの新しいグループに分けて）こちら側にいらっしゃるみなさんは、何かをしゃべりだすまえに必ず「えー」「あー」と入れてください。「えー私はマルマル商事の高尾です。あー、商品開発のほうをやっています」みたいな感じです。それに加えて、「人にさわるのが好きな」人たちです。話しているときもやたらとスキンシップをはかる。相手の肩をぽんぽんと

たたいたりします。

それで、こちら側のみなさんは、話しはじめるまえに「えっ」とか「あっ」という音を入れます。そしてみなさんは、「自分をさわるのが大好き」です。しょっちゅう、自分の髪や腕や顔をさわります。

業界を変えましょう。野菜業界、野菜になんらかのかかわりがある仕事をしている人たちのパーティです。それでは、はじめましょう、よーい、スタート。

＊にぎやかにパーティがはじまる。一分ほどして、

高尾　はい、それでは、入れ替わってみましょう。「えー」「あー」と言っていた方は、自分のからだを触るのが好きになって、「えっ」「あっ」と言うようになります。「えっ」「あっ」と言っていた方は、相手をさわって、「えー」「あー」と言うようになります。今までとは逆です。それでは野菜業界の立食パーティを再開してください。

＊パーティ、再開。一分ほどして、

高尾　はい、お疲れさまでした。席のほうにお戻りください。やってみて、どちらがやりやすい、やりにくいということがありましたか？　ちなみに、オープンだったほうの人、つま先を開いて「えー」「あー」と言っていた

ほうがステータスの高い人になります。反対に、つま先を閉じて「えっ」「あっ」と言っていた人はステータスが低い人になります。ステータスが高いほうがやりやすかった人はどれくらいいらっしゃいますか？

＊過半数の人が手を挙げる。

高尾　これはおもしろいですね。だいたい日本でやると、ステータスが低いほうがやりやすかったという人が多いんですよ。

ステータスとは、日常生活で見られる人間の関係の一つです。人間は大きく分けると、自分が中心だと思って生きている人と、自分はいちばん端っこだと思って生きている人がいます。この自分が中心と思っている人をステータスが高い人、端っこだと思っている人をステータスが低い人とインプロではいいます。

このステータスは、その人の生きるうえでの基本的なスタンスで、必ずしも社会的なステータスとは一致しません。「あっ、どうも、社長でございます」とステータスの低い社長もいますし、「あー、仕事くださーい」とステータスの高い新入社員もいます。

演劇の中にはこのようなステータスの関係がたくさん出てきます。インプロでこの【ステータス】をやると、役を入れ替えたときに、その前後で同じ人ががらっと変わるので、見ている人は大笑いをします。さきほどのみなさんもそうでした。
大きな声で「えー」「あー」と言って、どんどん前に出て、いろいろな人のところへ回って積極的に自分から話しかけていた人が、「えっ」「あっ」と言うようになったとたん、目立たないように後ずさりをしはじめたり……(笑)。
では、別のシーンでもう一度【ステータス】をやってみましょう。今度のシーンの登場人物は三人です。どなたかお願いできますでしょうか? シーンのバランスの関係で、女性がお一人入っていただけるとよいのですが。

＊Aさん(男性)、Bさん(女性)、Cさん(男性)、登場。

高尾　家族のシーンをやりたいのですが、では、Aさんがお父さん、Bさんがお母さん、Cさんが息子になってください。息子は中学三年生という設定にしましょう。中学三年生が帰宅するのはだいたい何時くらいでしょうね?

Cさん　八時くらい?

高尾　八時くらい。それでは今の時間を夜の一一時ということにします。お父さんとお母さんは心配しています。遅くなるという連絡もないし、こちらから携帯に電話しても出ない。二人は居間で時計を気にしながら話している。一五秒か二〇秒くらいしたら、息子さんが帰ってきます。そおっと居間に入ってくる。親は、何か言いますよね。でも、息子は、眠いから寝ると言って自分の部屋に行ってしまう。そんなシーンをやってみます。全部で一分くらいのシーンにしましょう。

では、お父さんとお母さんが心配して話しているところからはじめましょう。はい、スタート。

母（Bさん）　帰ってこないわねえ。どうしたのかしら、まったく……

父（Aさん）　あのバカヤロー。

母　もう、ほんとに心配だわ。いつも言ってるのに、あの子ったら、

父　バカだからね、あいつはほんとに……

母　もう、どうしましょう、もし……

＊息子（Cさん）入ってくる。親と目を合わせない。

息子（ぼそっとした声で）ただいま。〔そのまま親の前を通り過ぎていこうとする。〕

母　ちょっと！

父　コウイチロー！

＊息子、立ち止まる。

母　何してたの！　こんな時間まで……

父　うちの門限、何時だか知ってるよな？

息子　……。

父　どこで何をしていたのか、説明しなさい。

息子　（無視して）もう、寝る。〔自分の部屋に向かう。〕

母　ちょっと！　お父さんが話してるのよ！

＊フロア、拍手。

高尾　今度は、三人の方、それぞれあたまの中で1か2か、数字を思い浮かべてください。声に出さないでくださいね。今、1を思い浮かべた方は、この家でステータスがいちばん高い人です。2を選んだ方は、この家でいちばんステータスが低い人です。飼っている犬以下です（笑）。これで同じシーンを、演じる役はそのままで、もう一度やってみましょう。スタンバイしてください。いいですか、よーい、スタート。

父　コウイチロー、遅いな。

母　もう一一時ね。あなた先に休んでください。

父　いや、俺はだいじょうぶだ。待ってるよ。

母　こんな時間にどこにいるのかしら、心配だわ。

＊息子、入ってくる。

息子　ただいま。よいせっと。〔椅子にどっかり座る。〕

母　お帰りなさい。お風呂わいてるわよ。

息子　いいよ、もう寝るから。

母　（父に向かって小声で）あなた、ちょっと言ってあげて。

父　あの、な、コウイチロー。ちょっと遅くないか？　この時間に帰ってくるのは。お父さんのころは……

息子　友だちまだ遊んでるし。付き合いってもんがあるし。あっ、そういえば小遣いなくなったんだ。ちょうだい！〔フロア、笑い。〕

高尾　はい、止めましょう。今度は逆にしてみましょう。1だった人は2、2だった人は1のステータスでお願いします。よーい、スタート。

＊父、足を大きく広げて座る。母、足を組んでいる。

父　はぁー（深いため息）。

母　何やってんのかしら。もう私、寝たいんだけど。

父　まあ、話くらい聞かないとさ。あの子も年ごろだしな。

＊息子、背中を丸めて、そおっと入ってくる。

母 何やってんの、あんた！ 何やってたの、こんな時間まで！

父 まあ、座りなさい。

母 何時だと思ってるの。何してたのか言いなさい！

息子 と、友だちと……

母 中学生がこんな時間までふらついていいわけないでしょ！

＊うなだれる息子、うなづく父。

母 （父に向かって）あんたもなんか言いなさいよ！〔フロア、笑い、拍手。〕

高尾 おもしろかったですね。こういうステータスによって起きる現象は、日常生活の中でたくさんあります。いろいろなかたちで見ることができます。ドラマチックなのは、ステータスが変わるところなんですね。「リア王」などの悲劇においては、主人公のステータスが最初は高いんです。それができごとによって低くなる。ステータスが落ちていく。喜劇では逆に、主人公のステータスが低い。低いステータスでいらんことをいろいろしでかす。「Mr.ビーン」なんかそのパターンです。テレビ番組でも、出演者のステータスのバランスが上手に工夫されているんだと思います。

また、自分と同じステータスの人がいると安心していられなくなります。今やっていただいたシーンの中でもステータスが同じ人がぶつかっている場面がありました。高い人と高い人が出会うと争います。また、低い人と低い人が出会っても居心地が悪くなります。

組織や集団の中で、あるいは人とかかわる中で、こちらの言っていることは正しいのに、相手が不服そうだったり、受け容れなかったり、ぶつかってきたりすることがあると思います。それは、話の内容がぶつかっているのではなくて、ステータスがぶつかっているのかもしれません。

ビジネスの世界でも、ぶつかっているのが中味の問題ではなくて、ステータスにからむ問題でぶつかっている場合があるかもしれません。ステータスという概念を当てはめると問題が見えてくることがあるような気がしています。

ステータスは、人とかかわって生きていくときに自分の身を守るものでもあるので、社会の中では必ず出てくるものです。人間以外にもペンギンやゴリラなど、社会的な動物には、ステータスが高い低いという関係があります。ちなみに、以前動物園にゴリラを見に行ったら、メスのほうがオスより圧倒的にステータスが高かったです。

人によって、ステータスが高いほうが楽という人も、ステータスが低いほうが楽という人もいると思います。ステータスを上げる、ステータスを下げるというのは、どちらも社会的な動物が生きていくうえでの戦略です。生き延びるための知恵ともいえます。その場でボスになってしまえば、全部自分がコントロールできるから、これはこれで「安全」で「安定」した状態になります。逆に、「私はあなた方にとって敵ではありませんよ」と自分の存在を目立たなくする——ステータスを下げて攻撃の対象にならないようにする——と、これはこれで生き延びることができます。社会的な動物は、一般的にはどちらかの安全で安定した状態を確保しようとします。

【ステータス】を体験すると実感することができるのですが、からだの動きによって気持ちが変わりますし、関係が変わります。つま先外側グループ、「えーあー」グループの人たちは、そのからだのあり方や動きによってステータスが高くなります。つま先内側グループ、「えっあっ」グループの人たちは、そのからだのあり方や動きによってステータスが低くなります。

他にもステータスを変えるいろいろなからだの動きがあります。例えば、まばたきを少なくするとステータスが上がり、まばたきをたくさんするとステータスが下がります。相手の目を見たら目をそらさないようにするとステータスが上がりますし、相手に見られたらすぐに目をそらすようにするとステータスが下がります。ステータスはからだの姿勢や動きと大きく連動しています。

参加者のコメント❹

日常にはない身体表現に、〝殻〟を破る可能性を感じた。

樋之津貴勇さん（男性・44歳）◎職種・業務＝商品企画・営業推進部門の統括マネジャー

入社後、一五年ぐらい報道制作の現場にいた。最後のころにはデスクやプロデューサーをやり、二〇〇六年から現在の部署に移ってきた。

業務は多岐にわたっているが、社内関係者の打ち合わせが多く、ふだんはデスクワークであるため、からだを意識することが非常に新鮮だった。からだをほぐしてからやると気分も血のめぐりもよくなる。デスクワークで息が詰まったときに歩きまわるのに近い。知らず知らずのうちにからだに力が入りがちだったが、力を抜くことで見えてくるものが変わってくることが実感でき、非常に興味深かった。

からだの動かし方で、視点、視野が変わる。脳の活性化につながる。潜在意識を呼び起こすことにもつながる。番組をつくっていた時分、ドライブするときにアイディアが浮んだが、風景が変わると違う感性が呼び起こされるようだ。

【イルカの調教】のゲームのコツはむちゃくちゃな動きをすること。そうすることでヒントも得られやすい。力を入れて悩みながらやっていてもだめ。仕事をやるうえでも、仮説を立て、それを検証して、ＰＤＣＡサイクルでやっていくが、仮説を立てるときも、狭めず、堅苦しく考えずに、自由な発想が出てくるような環境をどうつくればいいか。動くことでいろいろな選択肢が見えてくるし、そうした様子を見せることで、周りも助けやヒントを与えてくれるのだと思う。

【ファストフードスタニスラフスキー】のキャラクター設定は、人事考課におけるコンピテンシーモ

＊研修の3ヶ月半後に高尾がおこなったインタビューをもとに構成しています。年齢・所属等は研修時のものです。

デルやロールプレイングに通じるものがあると思う。能力開発に使えそう。

【サムライ】と【ハット】の両ゲームは自分のコミュニケーションのやり方を考え直すきっかけを与えてくれた。最初にやった【サムライ】ゲームでは、いかにして切るか、かわすかを目的とせず、相手の目を見て読み取ることが目的になり、切られてしまった。【ハット】ゲームでは、帽子を取ることが目的、会話の内容はどうでもいいと意識してやったから強かった。生番組のディレクターを長くやっていたから、会話をしながら次のことを考える訓練がされていた。そういうキャリアも有利に働いたのかも知れない。

【次、何しますか】は、放送でのトラブル、ミスのこととつながる。以前、放送事故撲滅の手がかりを得るため、トヨタの改善について勉強していた。そこで「なぜ」を問い続けると問題の本質が見えてくるという話があったのを思い出した。問い続けていくことで、次の行動が広がっていく。マーケティングでは、客のニーズをくみとるのが最も大事な仕事。「何しましょうか」を聞いていると、最初と違うニーズを深堀りしていくことができる。潜在的な客のニーズが見えてくる。

今回の研修は、いつもの自分とは違う一面をみんなで共有するきっかけになった。自分の殻を破ることにつながると思う。

また、「いい時間を与える」というキーワードは、われわれのビジネスにまさにフィットするもので、演劇との共通性を強く感じた。お客さんに「あの人とまた一緒に仕事したい」と思われることはとても大事なこと。社内のプロジェクトにおいても一緒に仕事したいと思われる上司でありたい。そういう会社でもありたい。

長い目で見ると、この業界は衰退期に入っている。この先の成長がイメージしにくい業界。広告ビジネスがテレビのメインビジネスだったが、業界の食い合いがあり、市場は縮小している。まず、業界内で他社に勝っていかないといけない。既存のテレビ広告以外にも新しい収益になるビジネスを構築していかないと成長はできない。いろいろ手は出しているが、成功はつかめていない。

イノベーションがキーワード。働く人間の創造性がもっと発揮できて、創発につながっていくように、ダイアログをベースとした組織開発手法を取り入れて、その土台づくりをしている。

ダイアログとインプロは、広いくくりでは似ていると思うが、大きな違いは、インプロはフィクションというものをうまく使っている部分。

からだを使うこともインプロの大きな特徴。ダイアログは潜在意識を顕在化する効果があるが、からだを動かす、演じるという要素があることによって、殻を破るきっかけになるしくみはインプロがより強い。自然にその方向に向かう。ダイアログの場合は、自分の立ち位置があったうえで、気づきがある。プルとプッシュの違い。

企業人の殻とは、自分の人生で積み上げてきたもの。話すだけだと破りにくい感がある。創造性を阻害するその殻の部分、インプロはまずその部分が取り払われるので、創造性につながりやすいしかけなのかもしれない。ダイアログではできない距離の縮まり方がある。その人の違う一面を引き出すきっかけになる。ふだん自分では気づかないからだの動かし方をすると、考え方の変容につながるし、それが周りの人に対しても見えやすく、組織としての効果が出やすいものだと思う。

インプロは全ての業界にあまねくいけるのではないかと思う。どういう業種、ビジネスであれ、競争力を高めていくためには、組織としての潜在能力を発揮できるしかけが欠かせない。企業としての殻を破るためには、働く人たちが変わっていかなくてはならない。経営管理や事務等、クリエイティブから縁遠いと思われている職場にむしろ必要なのかもしれない。

＊研修の3ヶ月半後に高尾がおこなったインタビューをもとに構成しています。年齢・所属等は研修時のものです。

#9 イルカの調教

高尾 私が、人を育てる立場にある人たちの集まりで必ずやってみるゲームがあります。【イルカの調教】ゲームというものです。どなたかイルカになっていただける方、いらっしゃいますか？

＊Aさん（男性）、登場。

高尾 リアルに泳ぐまねとか、そういうことはいっさい要求しませんので（笑）、ご安心ください。

Aさんがイルカの役ということで、みなさんには、調教師の役をお願いします。イルカには二階に行っておいていただいて、調教師たちの声が聞こえないようにしてもらいましょう。その間に、調教師のみなさんで相談してイルカにやってほしいことを一つ決めます。

例えば、「この椅子にさわってください」とか「自分の時計にさわってください」とか「誰かと握手してください」とか、そういう感じです。あまり複雑なことにならないようにします。

その決めたことをイルカにやらせたい、それができるように調教したいのですが、イルカに言葉は通じません。「時計、時計」と言うことはできません。その代わりに、調教師のみなさんはベルを持っています。実際にはここでは口で「リン」と言うのですが。イルカは最初、好きなように動いています。みなさんは、イルカに行ってほしい場所ややってほしい動作に近づいたときに「リン」と言って、ベルを鳴らしてください。

イルカはみなさんの「リン」を手がかりにして、要求されている場所や動作を探って動き回ります。近づいたらまた「リン」とベルを鳴らしてあげてください。

そうやって、はじめにみなさんが決めていたことをイルカができたら、それで調教が完了したことになります。こういうゲームです。難しすぎるようでしたらすぐにヒントを出します。二〇分も苦しめたりしないように(笑)。

では、イルカは二階に上がって合図を待っていてください。調教師のみなさんは、イルカにさせたいことを決めましょう。

＊Aさん、二階に行く。その他の人々は集まって、ひそひそ話し合いをはじめる。「中央の柱にさわる」に決める。

高尾　はい、それでいきましょう。では、イルカを呼びましょう。

みんな　イルカさん、どーぞ！

＊Aさん、入ってくる。

高尾　では、はじめましょう、よーい、スタート。

＊Aさん、フロアを大きく円を描いて歩きはじめる。

調教師たち　……。

＊Aさん、柱にわずかに近づく。

調教師A　リン。

＊Aさん、柱に向かう。

調教師たち　リン、リン、リン、リン。

＊Aさん、柱のほうに手を伸ばす。

調教師たち　リン！　リン！　リン！　リン！

＊Aさん、柱に手をあてる。

調教師たち　リンリンリンリンリンリンリン！〔拍手。〕

高尾　というのが【イルカの調教】ゲームです。やり方はおわかりですね。では、これをいくつかのグループに分かれてやってみたいと思います。それぞれのグループからイルカを一匹ずつ選んでください。どのグループも「リン」だと混線しますので、「ビー」「ピンポン」などに変えて合図を送るようにしましょう。

　フロアのあの辺りをイルカ溜りにします。イルカに選ばれたみなさんは、そちらへ行って、調教師たちのほうを見ないようにしていてください。調教師たちでやることを相談して、決まったら、調教師のうちの誰かが自分たちのイルカを迎えに行ってあげてください。

　もし、一分くらいやってもできなければ、ヒントを与えてください。例えば、「窓ガラスとは関係ありません」とか。それでもわからなければ、ヒントを重ねてもいいですし、イルカでも調教師でもギブアップしてかまいません。

　それでは、四、五人のグループをつくってみてください。そうしたら、合図の音を決めて、イルカを一匹、送り出してください。

＊四つのグループがつくられる。準備ができたグループからゲームがはじまっていく。

＊「ビービー」「ボン、ボン」「リンリンリン」など合図の声がフロアに響く。「簡単すぎたかなあ」「おおー」などの声、笑いがそれぞれのグループで湧きあがる。

高尾 調教が終わったら、イルカ役はどんどん交代してくださーい。

＊ゲーム開始より一〇分くらい経過して、

高尾 イルカの役が全員に回っていないと思いますが、ゲームはここまでにして、グループごとに集まって座ってください。

これから、グループごとに話し合っていただきたいことがあります。それは、「イルカの調教がうまくいくためのコツ」は何かということです。イルカ側のコツと調教師側のコツを両方、それぞれのチームで話し合ってみてください。

＊グループごとの話し合い。三分ほど経過して、

高尾 それでは、どういう意見が出たかを発表していただきましょう。

Bさん イルカも調教師も、お互いの顔色を見る。

Cさん リンという合図を、励ますように言ってあげると、イルカはうれしくなって一生懸命その場所や動作を探すようになる。

Dさん イルカはとにかく最初にいっぱい動き回るということ。調教師側は、合図の「ビー」の強弱で表現してあげると、イルカにとってどれくらい近づいているのかがわかりやすくなる。

Eさん　イルカは難しく考えずにとりあえず動き回る。調教師側は、どんぴしゃでなくてもシグナルを出してあげる。そのときに強弱をつける。

Fさん　調教師もイルカも、まず場所を特定しようとすること。そのためにもまずイルカがあちこち動き回ってみること。

Gさん　調教師側が笑顔でいること。イルカがやれるという信頼関係が大事。

Hさん　イルカは調教師の顔を読み取ることが大事。もっと言うと、その調教師のやりそうなことを考える。調教師は、そのイルカの特性にあった指示を出すということが大事なことだと思いました。

高尾　ありがとうございました。〔フロア、拍手。〕

ほんとうのイルカの調教の話をします。調教のことを学問的にやっているのは行動分析学という領域で、行動主義心理学の一つです。ちなみに、この行動分析学の第一人者はスキナーという人です。みなさんも聞いたことがあると思いますが、ネズミに迷路を覚えさせるとか、ハトにレバーを選択させて餌を与えるというような実験で有名な研究者です。

調教には大きく分けて二つの方法があります。正の強化（positive reinforcement）と負の強化（negative reinforcement）です。「強化」とは行動分析学の専門用語で「一つの動作を繰り返し何回もおこなうようになること」をいいます。ある行動を強化するということが調教するという

ことになります。

正の強化というのは、やってほしいことをしてくれたときに褒める、餌を与えるというやり方です。負の強化は、やってはいけないことをやったときに叱るというやり方です。実際の犬やイルカの調教では、ほとんど正の強化のほうを使っています。なぜかというと、ポジティブのほう、正の強化のほうが調教が効率的だからです。ネガティブな強化が効くのは、生命に危険が及ぶようなことをさせないようにするときです。小さい子どもが熱湯の入ったやかんをさわりそうになったときに「だめっ!」と言うとか。効果が弱いのは、抽象的なことに対する負の強化で、「もっとちゃんとやれ!」とか言うのは、ほとんど効きません。

イルカの調教の研究によると、イルカは実は調教を楽しんでいることが知られています。その理由として有力な説は、人間はイルカを調教していると思っているけれども、実はイルカは人間を調教していると思っているというものです。人間に餌を出させるように調教しているというんです。調教というのは一方向的な営みに見えますが、実は双方向的な営みなんですね。

調教のポイントとしては、さきほどもみなさんから出ていましたけれども、イルカの自発性を引き出すというところにあります。イルカが動かなければ調教は不可能です。

別な言葉でいうと、「イルカを変えている」というのではなく、「イルカが変わる」というのが調教です。調教のときに起こっているのは、調教師がイルカを変えることではなく、イルカが調教師の望むように変わってくれているということなんですね。

調教師の側のポイントは三つあるといえます。一つ目が「イルカの現実を受け容れる」ということです。そのイルカの性質や置かれている状況をつかむということですね。「相手を見ること」というのがさきほども出ていましたが、そういうことだと思います。相手に合ったやり方をするには、相手のことを見て、その状況を受け容れなければできません。

二つ目は目標設定です。イルカが変わっていく目標を具体的に描きます。どの窓でもいいから窓にさわるということだとうまくいきにくい。この窓をさわるというふうに具体的に決めたほうがやりやすいんですね。また、途中で目標が難しいなと思って、変えたりするとイルカは混乱しますし、できたと思ったあとも、調教師が迷ったような表情をしていると、結局何をしてほしかったのかわからなくなってしまいます。

そして三つ目のポイントが、イルカの現実と目標の間をつなぐ「行動」をサポートすることです。まずはそのイルカの現実を受け容れ、そしてそのイルカが変わっていく目標を具体的に描き、相手に注目をして、目標に向かって変わる行動があったときに「リン」と言うこと、つまり、「ありがとう」と感謝を示したり、「いいね」と賞賛を示すことが、イルカが変わっていくためのいちばんの近道なんです。

この【イルカの調教】ゲームは、カレン・プライアさんという動物のトレーナーをされている方がつくられたものです。このゲームが紹介されているカレンさんの本は翻訳されていて、『うまくやる強化の原理』というタイトルで出ているのですが、その本のサブタイトルがおもしろくて、「飼いネコから配偶者まで」って書かれているんです（笑）。「旦那さんに食べ終わったあとの皿を下げさせたい」というときに、「また下げてないのね、あんた。下げてよ！」って言うとよけいに下げなくなる。そうではなくて、イルカ作戦に切り替えて、なにかの拍子に旦那さんが皿を持ち上げるときが出てくる。それを見逃がさず、その瞬間に「リン！」、つまり「ありがとう！」と言うわけですね。そうするとそれからは皿を下げる確率が高くなっていく。皿を下げるようになったら次は「皿に水を流す」という目標を設定して、皿を下げたとき何かの拍子に水道の蛇口をひねったときに「リンリンリン」と、褒めてあげる。喜んであげる。そうすると、皿に水を流すようになる。次は「皿を洗う」という目標を設定して、できたときに喜んであげると、やがては自分から皿を洗うようになるかもしれません。そういうふうにして少しずつ変化していくのをサポートしていく。時間はかかるけれども確実に前に進んでいきます。そのうえ、旦那さんは強制さ

れてやるんじゃない、自分ですすんでやっていると思う。それがイルカ作戦のいいところなんですね。お互いがプロセス自体も楽しめる。

もちろん、みなさんのお仕事は「オッ、机に向かってるね！」みたいな単純な正の強化ですむものではないでしょうけれども、いろいろな場面で、負の強化がおこなわれていないかどうか。本来は正の強化でいけるところを負の強化でやっていて、かえって非効率になってはいないでしょうかということですね。あるいは、結果は出ているように見えても、やっている人にやらされ感が強くて自分で自発的に動いている感覚がなくなってはいないか。そういうところをふりかえってみるきっかけがこのゲームにはあるのかなと思います。

#10 ハット

高尾　即興演劇、インプロの役者たちが最も大切にしていることの一つに、「今ここにいる（being there／be here now）」ということがあります。筋書きがなく、次に何が起こるかわからない状況で舞台に立っていると、ともすればこれから起こるであろう先のことを考えがちになります。プロの役者でも、「さっきこうすればよかったな」と少しまえの過去のことを考えていたり、「これからどうしようか」と未来のことを考えていることがあります。

いい演技をしよう、いい演技をしようと舞台上で思うことも、「今ここを生きること」から役者を遠ざけます。「いい演技をしなきゃ」ということに心が捕らわれているからです。そうすると、観客から見えるのは、ただの考えごとをしている役者になってしまいます。演じている役の存在が消えてしまいます。ですから、たいへんに難しいことですが、私たちは、今この舞台上に生きること、「今ここにいる」ということを大事にするようにしています。

そのような、今を生きるからだのあり方、今ここにいるという存在感にかかわるゲームとして、【ハット】ゲームというものがあります。これをやってみましょう。やり方の説明のためのボランティアをお二人お願いしたいのですが……。

＊Aさん（男性）とBさん（男性）、登場。

高尾　では、お二人にはこちらの帽子をかぶっていただきます。百円ショップでたくさん買ってきました。お好きなものをどうぞ。かぶるときにちょっとコツがありまして、ぎゅっと深くかぶらずに、てっぺんのところを少し浮かせてかぶるようにしてみてください。

＊Aさん、Bさん、帽子をかぶってお互いを見合う。

高尾　はい、では、こちらの並んだ椅子に腰かけてください。これから、あるシーンをやっていただきます。その設定にしたがって会話をしてもらいます。お互い相手の目を見ながら話をします。そして、相手が「今ここにいないな」と思ったら、すっと手を伸ばして相手の帽子を取ってください。相手は考えごとをしているとき、今ここにいないときは、よけることができません。うまく帽子を取ることができたら勝ちです。注意していただきたいのは、必ずお互いに目を見ながらおこなうということです。相手が他の方向を見ているときに手を出したりすると目にぶつかったりするかもしれませんし、そういうゲームではありませんので。

このとき、相手の人は自分の帽子を取られないようにしてください。からだをずらしたり、手で押さえたりしてガードしてください。相手が取ろうとして、それをうまく防いだら、その人の勝ちです。取ろうとして失敗した人が負けになります。相手の帽子を取るか、相手が取ろうとしたときによけるかできれば勝ちです。ですので、勝負は一回です。

話の間中ずっと相手の手が届かないようにからだをそらしたり、帽子をずっと手で押さえているのは反則です。取ろうとするほうの人も、「あ、百円落ちてますよ」とか言って、相手に物を拾わせ、頭が下がっているすきに帽子を取るというのは反則になります。もし、会話の流れでそうなってしまったら、そのときは帽子をいったん脱いで百円を拾い、もとの姿勢に戻ったらまた帽子をかぶって会話を続けてください。「散髪しましょう」と言って背後に回られたときなども同じです。

お客さんは、そういう、絶対取れるような、リスクのない方法で帽子を取ることを喜びません。あるいは、距離を遠くして取られるリスクを避ける人を好きになりません。お客さんが見たいのは、フェアでかつ、お互いがリスキーな状態で、どっちが取るか取られるかということなんですね。

あくまでもふつうに会話をしながら、帽子が取りやすく取られやすい姿勢や距離でおこなうのがこのゲームをおもしろくするポイントです。では、ちょっと、試しにお互いの帽子を取ってみてください。はい。だいじょうぶですね。ちょっとよけてみてください。はい。

それでは、シーンをやってみましょう。二人の企業経営者が話をしているというシーンをお願いします。よーい、スタート。

Aさん　こんにちは。
Bさん　あっ、どうも。
Aさん　どうですか、最近、あの、景気は……〔Aさん、話の途中で帽子を取られる。フロア、笑い。〕

高尾　負けた人は、誰か次の人と入れ代わりましょう。

＊Cさん（女性）、Aさんに代わって登場。

高尾　では、次のシーンは、数学者二人ということでお願いします。よーい、スタート。

Bさん　やあ、どうも。

Cさん　あの、二次方程式の……〔Cさん、帽子を取られる。〕

＊Cさん、退場し、Dさん（男性）と代わる。

高尾　Bさん、連勝ですね。次はですね、ええと、アメリカの大統領と日本の総理大臣。日本語で話します。よーい、スタート。

Bさん　尖閣諸島の、問題で、だいぶ苦労されているみた……。〔Dさん、Bさんの帽子を取る。〕

＊Bさん、退場、Eさん（男性）と代わる。

高尾　では、スーパーの休憩室のパートのおばちゃん二人。よーい、あっ、ち

ょっとストップしてください。そんなにのけぞらないで。距離をとっちゃうと、見ている人はずるいなーと思うようになりますから、まっすぐ、ふつうに座ってください。いいですか、よーい、スタート。

Eさん　あなたコーヒー飲む？

Dさん　いや、私、コーヒー苦手なのよ。紅茶は好きだ……けどね。〔Eさん、話の途中でDさんの帽子を取ろうとするが、Dさんに防がれて失敗。〕

＊Eさん、Fさん（女性）と交代する。

高尾　スーパーの棚に置かれている缶詰二つ。よーい、スタート。

Fさん　昨日、テレビでやってたのよ、私のこと。見ました？

Dさん　缶詰、缶詰でしょ。あ、あなたは、いつから缶詰になっちゃった……の？

〔Fさん、Dさんの帽子を取る。〕

＊Dさん、Gさん（男性）と交代。

高尾　では、宇宙飛行士二人。よーい、スタート。

Fさん　若田さん、かっこよかったですねえ！

Gさん　君は何回月行った？〔言いおわるとほぼ同時に、Fさんの帽子を取る。〕

＊Fさん、Hさん（女性）と交代。

高尾　引退したテレビ関係者二人。よーい、スタート。

Hさん　これからはネットですか？

Gさん　いやあ……それは……〔考えているところを、Hさんに帽子を取られる。〕

高尾　今のHさんのように、相手に質問をして考えさせるという手はありですね。でも、逆に、質問してきたということは、「こちらの帽子を取りにくるな」というサインでもあるので、用心して「そうですねー」とゆっくり考えているふりをしてやり過ごすこともできるわけですね。だから、質問されたときは落ちついてください。

＊このあと、〈登山愛好者〉〈医師〉〈面接会場で面接を待つ就活中の学生〉〈休憩中の大工さん〉という設定でおこなう。

高尾　では、もう少しみなさんが練習する機会を増やすために、四、五人ずつグループになってやることにしましょう。シーンの設定もみなさんで考えてやってみてください。

＊グループごとにゲームがはじまる。五分ほど経過して、

高尾　では、グループごとに今のゲームをふりかえってください。まず、やってみて思ったことや感じたことを出し合ってください。それから、このゲームと仕事はどう関係するだろうかということを考えてみてください。

＊グループごとの話し合い。八分ほど経過。

高尾　では、出てきたことを共有しましょう。聞きやすいようにもう少し近くに集まりましょうか。では、そちらのグループではどのようなことが出ましたか？

Iさん　勝つコツは、からだをリラックスした状態にすること。仕事との関連でいうと、これは、相手のことをよく見る、相手を感じ取る訓練になるということが出ました。例えば、新入社員などは、次自分が何をしゃべろうかということであたまがいっぱいになっていて、相手が何を思っているのかなどということに気がまわらないので、今やったことは、相手のことを考えて向き合うというトレーニングになる。こういう、瞬発系のトレーニングは、まさに今を生きるということが実感できるのでおもしろいと思いました。また、リラックスすることで楽しめるということを経験できる、そ

ういうことが大切だということがわかるので、お客さんとのコミュニケーションなどにも有効かもしれないということが出ました。

Jさん　私たちのチームで出たのは、取ってやろうという意識が強く働きすぎると取れなくなるということ。幽体離脱というか、ちょっと上から見ているような感覚になることがコツだということ。相手との関係をリラックスして客観的に見ることができるとうまく取れる。番組をつくる側でいえば、視聴者との関係についてのことになるだろうし、営業のほうではお客さんとの関係にあてはまることなのではないかという意見が出ました。

Kさん　僕らの班では僕がいちばん強かったんですが、勝つコツは、とにかくたんたんとやることだと思いました。考えている間にやられてしまうので、おもしろいこと言おうとかまったく考えずにやる。つまらなくてもいいからすぐにどんどん言う。それがこのゲームに勝つポイントであると同時に、仕事のうえでも、例えばブレインストーミングなどで、いいこと言おうと思わないでどんどん出していくこととつながるように思いました。

Lさん　私は最初ずっと負けてました。途中からは勝つことができるようになったんですが、それは、最初にたくさん失敗したから、その負けるパターンがわかった、身についたということがあったからだと思いました。さきほども出ていましたけど、目的はおもしろいことを言うことではなく、帽子を取ることなので、その過程は無視して、あくまでも帽子を取るというこ

とをブレずにやるといいことがポイントだということが出ました。こういうところは仕事に通じる部分があると思いました。それから、今、私は記者をしているんですけれど、相手があってこその取材なので、相手がどう感じているか、どう思っているかを、自分が無になって把握するということが大事なのかなと思いました。あまりどうしようこうしようと考えないで素直に受け容れるということが大事なのかなあと思いました。

高尾　今も指摘があったように、このゲームに勝つコツは、相手をよく観察することです。相手を見ていると、心ここにあらずの瞬間がある。考えごとをしていると、ここにいなくなる感じがします。そのときにはさっと相手の帽子を取ることができます。

相手の目を見ていると、相手が警戒しているのもわかります。また、相手がこちらの帽子を取ろう取ろうとしているのもわかります。帽子を取ろうとすると、目からその殺気といいますか気配が伝わるので、相手も警戒します。逆にこちらが考えていないときにさっと手を伸ばすと取れます。

あたまで考えず、からだにまかせると、相手がここにいないときにさっと手が動いて取れる。でも、これはつかむのが難しい感覚です。相手が変わると間合いが変わります。コツをつかんだような人もいるし、やっぱり変わらず難しい人もいるようです。

「今ここにいる」ことを、最も真剣に実行しようとしていたのが、剣術の実践をしていた武士たちでした。彼らは、今そこにいなければ切られてしまうからです。どうやったら、その瞬間その瞬間を生きていられるかを考えていました。宮本武蔵にしても、そのために禅を学びました。心を無にすることが実は心を満たすこと——マインドフルネス——であることなどは、ダイレクトに剣術につながっていました。

インプロの創始者のキース・ジョンストンは、東洋思想に影響を受けていて、そういう剣術や禅の本を若いころからたくさん読み、そこから学んだことをインプロに取り入れています。彼がよく話をするのは沢庵宗彭《たくあんそうほう》についてです。沢庵は戦国時代から江戸時代にかけて活躍した禅僧なのですが、剣術についての教えをたくさん残していて、『不動智神妙録』という本で読むことができます。彼は、何かに捕らわれている心は自由な心ではないと言いました。戦っているときに、何か別のことに心が捕らわれてしまったら、切られてしまいます。例えば、死を恐れてしまうと、そのことに気が捕らわれ、かえって死が近くなってしまいます。「相手を切るぞ」とか「相手に切られないように」と考えることも、沢庵から見れば心が捕らわれている状態です。いい状態とは、何かを考えず、心が何かに捕らわれていない状態。自由な心で、来たものに対してなんとでも反応できる状態だと言います。これが、今ここにいる状態なんじゃないかなと思います。

剣術の世界に「半眼」というものがあります。目を半分閉じるようにして立つ。不思議なんですが、目をかっと見開いているときよりもこの半眼のほうが相手をよく見ることができる。半眼にしているほうが周りが見える。これは目を開けて見ていると、何かに注目してしまうので、そこに心が捕らわれてしまい、さまざまなものが見えなくなってしまうということのようです。

野球でも、盗塁王を取った西武の片岡選手が盗塁について同じようなことを言っていました。足の速いのは当たり前。プロなので、ピッチャーの癖を見抜く――モーションを盗む――のも当たり前。と言いますか、いいピッチャーはそういう癖を修正してくる。そのときにどうやって走るかというと、片岡選手は、そのピッチャーの全体をぼやっと見るって言うんですね。ピントをわざとずらして見る。そうやってぼやあっと見ている。まさに半眼ですよね。すると「いける！」とからだが反応して走るときがあって、それで盗塁ができるんだそうです。

ここで、「意識と無意識」のことについて少しお話をしたいと思います。人と脳の働きのうち、意識がやっているのは、（ホワイトボードに脳の横からの断面図を描いて前頭葉の部分を指しながら）これくらいだけなんですね。その他、多くのことは無意識がやってくれているんです。もし、役者が意識的に演技をしようとすると人間っぽくなくなるんですね。人間の

フリをしている人間でないもの、うそくさいものに見えてくるんです。なぜなら、人間は意識がやることと無意識がやることの両方で生きているのに、演技に無意識がやることが全然出ていないからです。

そうならないためには、無意識の部分を使って勝負しなければならない。それはからだにかかわってくることなんです。

この無意識の部分の力を借りるにはどうすればよいか。がんばろうとすると、意識が前面に出てくるんです。意識が働いてなんとかしようとしてしまう。それだと、(図の前頭葉の部分を示して) この部分だけしか使えない。なんとか、これらの部分をもっと使うために、がんばらないことと か楽しむことに注目しているんですね。がんばってできることはもちろんあるけれど、それには限界がある。その限界を超えるためには、もう身体とか無意識のところにいかないといけないんじゃないかと考えているわけです。演劇は二千年以上この問題を考えてきたんですね。ですから、ひょっとしてそこにヒントが得られるのではないかということがあるんです。

とても言語化が難しいし、研究として扱いにくいところなのですが、そういう身体の知恵のようなものにも私は興味を惹かれています。

#11 次、何しますか

高尾 私がインプロをやっていて、最も大事にしていることがあります。それは、その日の自分の仕事をふりかえるとき、自分がいい仕事ができていたかどうかを判断するための一つの基準でもあります。それは、「Give your partner a good time.」ということです。相手にいい時間が与えられたかどうかということです。

私は公演がおわったあと、一緒に舞台に出ていた仲間に「今日は楽しかった?」と聞いてみます。もし楽しかったと答えが返ってくるなら、今日の自分のパフォーマンスはよかったんだと考えます。もし、たとえ、演劇的に質の高いものができていた——物語がうまくつくれたとか、いい演技ができたとか——ように思っても、仲間が楽しくなかったと言うならば、今日の自分のパフォーマンスに何か問題があったのではないかと考えます。たとえ、いいものができていたように思っても、仲間がいい時間を過ごすことができていなかったなら、今後その仕事は続いていきません。たとえ、できたものにまだ課題があったとしても、みんなが楽しかったなら、またやりたいとみんなが思って続いていく可能性が出てきます。その結果、チームで成長し続けていくことができます。

けれども、この、相手にいい時間を与えることはトレーニングがとても難しいことです。なぜなら、相手がいい時間を過ごせていたかどうかについて、正確なフィードバックを得ることが難しいからです。日常では、ほんとうはよくなかったのに相手への配慮として「よかったよ」と言ったり、ほんとうはよかったのにそれを認めてしまうと自分の立場が危うくなってしまうのでケチをつけたりということが起こります。フィードバックが正確でなければ、成長することができません。

それでは、この「Give your partner a good time.」そのものがテーマであるようなゲームをしてみたいと思います。【次、何しますか】というゲームです。二人組をつくってみてください。最初にやり方を説明します。Aさん、お願いできますか？

＊Aさん（男性）、登場。

高尾　二人組の一人は、「次、何しますか？」と聞く役です。Aさんにその役をやってもらいますね。設定は「森の中」ということにしましょう。では、お願いします。

Aさん　次、何しますか？

高尾　森の中へ入りましょう。と言って、二人で森の中へ入ります。

＊二人、並んで歩いていく動作。

高尾　はい、森の中へ入りました。これで一つの行動がおわりました。また、尋ねてください。

Aさん　次、何しますか？

高尾　鳥の声を聞きましょう。

＊二人、耳をすませるポーズ。

Aさん　次、何しますか？

高尾　虹色の鳥を見つけます。

＊二人、木の上を見る。

高尾　（指で向こうのほうを指して）アッ！

Aさん　あれですね？

高尾　あれです。

Aさん　見つかりましたね。きれいですね……。

高尾　というようにストーリーを続けます。私の仕事は、Aさんに「いい時間をあげる」ことです。ですので、私の提案がよければそれに乗って続けていってください。もし、その提案が、ちょっと違うかなとか、それはやりたくないなと思ったら、はっきりと、でも、かわいらしく「イヤッ」って言ってください。そうしたら別の提案をします。眉毛が下がった「イヤ」ではなくって、眉毛が上がった「イヤッ」にしてください。例えば、「ガイコツが散らばる道を行きます」「イヤッ」「落ち葉の積もった道を行きます」というふうにして続けてください。

何がいやかというのは、人によって違うので、ときどき、「これは違うかな」と思うものでも試してみるといいと思います。たいていの人はドクロがいやだろうけど、ちょっと試してみようとか。意外と好きかもしれません。そうすると、相手が楽しめるポイントをあらたに発見することができます。はずれても、かわいく「イヤッ」って言われるだけなので、ああ、やっぱり嫌いなんだなとわかりますから、それで次に進むことができます。

まゆ毛を下げて重い声でネガティブに言うのでなく、まゆ毛を上げて高い声で。もしネガティブに「イヤ」と言われると、次に提案するのがほんとうにいやになってきますが、かわいらしく「イヤッ」と言われると、「それはやりたくない」という情報だけを得ることができて、ネガティブな感情は受け取らなくてすむので、次の提案がしやすくなります。

それでは、二人組でまず、どちらが「イヤッ」の係かを決めましょう。これから、ジャングル探検をすることにします。みなさんはジャングルの入口にいます。それでは、はじめてください。

＊いっせいに「次、何しますか?」の声が起こり、ゲームがはじまる。二分ほど経過して、

高尾 はい、役を交代しましょう。場所も変えます。今度は南極を探検しましょう。よーい、スタート。

＊ゲーム再開。ときおり、あちこちで「イヤッ」の高い声。二分ほど経過して、

高尾 はい。それでは、今の二人組で、ゲームをふりかえってみてください。

＊話し合いはじまる。二分ほど経過。

高尾 このゲームは、インプロ界の「筋トレ」といわれていて、基本的なインプロの基礎をつくるために、常にやるものです。一つは、物語を即興でつくるという基本的な力を常に鍛えておくため。もう一つは、相手にいい時間を与えるという基本に立ちかえるために。

「イヤッ」と言う担当の人は、お客さんの立場に近いところにいます。ストーリーをつくることに責任がありません。プレシャーがかかっていな

いので、シンプルにパフォーマンスを評価することができます。ストーリーをつくるほうは、どうしても、おもしろいものをつくろうと思うので、そこにプレッシャーがかかる。そうすると、複雑になりすぎたりして、何がいいのか悪いのかも自分でわからなくなってしまいます。お客さんはわかるけれど、つくっているほうは見えなくなる。

このゲームをたくさんやると、どういうことに対して「イヤッ」と言われやすいかがわかってきます。それはたいてい、奇をてらってウケようとするような提案です。複雑なことをやろうとするよりも、今、目の前に見えていることをシンプルにやっていくほうが「イヤッ」と言われずに進みますし、力強くておもしろいストーリーがつくられるということを発見することになります。

「Give your partner a good time.」は、われわれの大事な価値観であり、スローガンのようなものなんです。いい時間を与えるといっても、相手が気持ちよくなる、楽しくなることをするということだけとは限りません。それは基本ではありますが、特に長い時間をともにするチームでは、楽しい時間の質も問われていきます。お互いに褒め合えるパフォーマンスは大事なことですけれども、いつもいつも褒め合っているだけでは成長は止まってしまいます。相手を驚かせたり、裏切ったりして相手に刺激を与えるということも、「相手にいい時間を与えること」になることもあります。

いろいろなインプロの団体があって、それぞれ考え方も違いますが、私は、なるべくよけいなものをそぎ落としていって、シンプルに力強いものがいいと考えています。そういうものをつくりたいと思っています。化学調味料はなるべく控えて、素材のおいしさを引き出したいという感じでしょうか。

何度も練習を重ね、お金をかけ、洗練されている、見事なエンターテイメントはたくさんあります。そこに、インプロが見事さで勝負しようとしても勝てないと思います。ですから、お客さんとかかわり合いながら、いい素材だけを使って、素朴かもしれないけど、素材の本来の味が味わえる料理を提供するのがインプロがめざすところかなと思っています。プロに司会をしてもらう結婚式もすばらしいですけれど、新郎の友人がたどたどしく、でも誠実に司会をやるのも、出席していてあたたかい気持ちになりますよね。そういうホームパーティのよさのようなインプロができるといいなと思います。

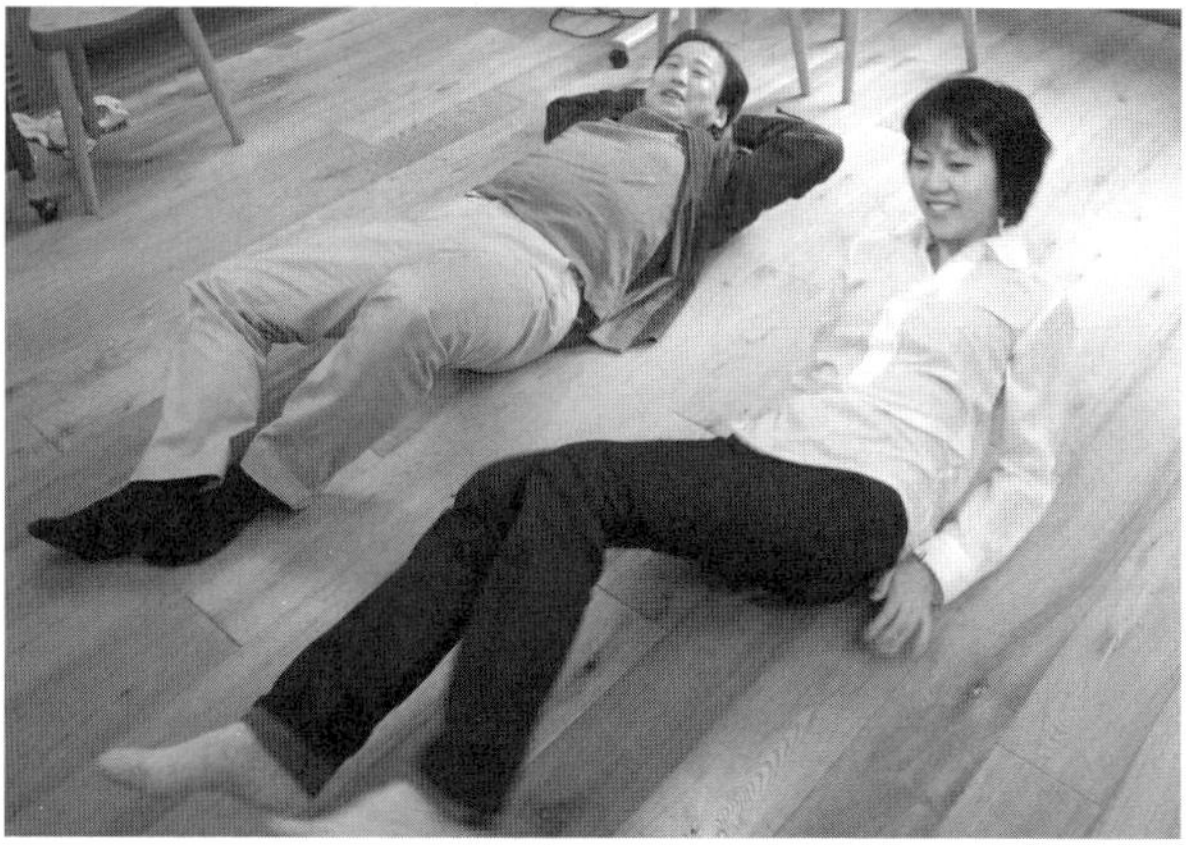

参加者のコメント❺

楽しさ、学び、成果のトライアングルを。

加藤宏一郎さん（男性・45歳）◎業種・業務＝代表取締役社長

一九六五年に瀬戸内海放送本社のある高松で生まれた。小学生のときに父が瀬戸内海放送の社長になった。やがては自分が事業を継ぐのだろうと漠然と考えていた。高校時代までを高松で過ごし、大学からは東京に出て、三菱商事に就職。勤めて二年後に祖父が亡くなった。なるべく若いうちに事業を勉強したいと考え、一九九一年、二六歳のとき故郷に帰った。

瀬戸内海放送は開局して二三年が経っていた。新卒一期生の社員が四〇代半ばを迎え、現場のトップとして会社を支えていた。社員はみな会社に愛着を持ち、地域メディアの仕事に誇りを持っていた。開局以来二〇年以上右肩上がりで売上を伸ばしてきたが、先発局との業績の差は歴然としていた。社歴がはるかに古い三菱商事と比べて、組織のダイナミズムで劣っているように私には見えた。開局時からの人たちはずっと現場で活躍してきて、自分たちが会社をつくってきたという自負があった。しかし、自分たちが管理職になったときにどうすればよいか、教育を受けたことはなかった。私は、管理職は偉い人ではなくマネジメントという機能を果たす人であるべきと考えていた。また先発局に追いつくためには戦略が必要だと思った。未来永劫に事業を継続できる会社になるために、改革が必要な時期に来ていると感じた。まずは、管理職の果たすべき役割を一緒に考え、他社に比べて劣る収益力を改善しなければと考えた。

自分という人間は、思考は直観的、表現は論理的

＊研修の3ヶ月半後に高尾がおこなったインタビューをもとに構成しています。年齢・所属等は研修時のものです。

なタイプだと思う。まず現状の仕事の意味や必然性について質問していった。幹部の人たちは当たり前だと思っていたことについて次々と質問されて、とまどったと思う。私は自分がおかしいと思ったことは率直に意見し、変えるべき点を主張した。新入りに議論で打ち負かされるのではたまったものでなかったと思う。しかし、みんないい人で、あたまで納得したことに、陰で足を引っ張るということはなかった。しかし、心の底では私のやり方に納得できないものがあることも感じていた。そのことについて自分もハッピーではなかった。

保守的な業界の中では当社は早くから改革をおこなった。現場のマンパワーを強化しつつ、ホワイトカラーの生産性を上げようと考えた。事務や運用の仕事はアウトソーシングにして、社員は付加価値の高い仕事をするようにした。賃金人事制度を年功序列から能力主義へと切り替え、組織を簡素化してポストを減らした。この改革は理にかなっていたと思う。しかし、そこで働くのは人間である。五〇代の中途採用の社員からは、自分の人生設計が狂ったとも言われた。

このころがストレスのピークだった。ある大きな立食パーティで一時的に気を失って倒れてしまったこともあり、健康への自信が揺らいだ。何かを変えなければならない。そう考え、食事を玄米食に切り替えた。そして、食事の栄養バランスを考えるようにした。体重が絞られてくると楽しくなり、次は筋肉をつけようと運動するようにもなった。体調がよくなると、周りのできごとへの知覚力や人への共感力も増した。

このときに、自分の中で何かが変わった。自分が健康に変わっていくことと、会社が健康に変わっていくことが、自分の中でつながった。競争力のある会社であり、なおかつ健康。その両方の要素が大事ということを実感した。

「人」に焦点を当てなければならないと思いはじめたのはこのころだった。社員は充実感を感じて仕事しているのか。自分の能力を伸ばしている感覚があるのか。そういう問題意識が出てくるようになった。これは自分に対する問題意識ともつながっていた。リーダーは管理が得意なだけではだめで、周りの人々への共感や配慮を、行動で示さなくてはならない。会社が変わるためには、まず自分が変わる必要があると強く思った。

そのころから組織と人材の開発に新たな視点で取り組んだ。自分のあたまで考え、自らの才覚で局面を打開できる社員を育てることに注力した。私も進んでいろいろな研修に参加し、社員の採用や研修に投資した。時間に追われている社員の健康管理を支援するため、木造一軒家の社員食堂「百菜家」をつくり、からだにやさしい食事を提供した。業務に直接関係する勉強だけでなく、コミュニケーションや関係性について学ぶワークショップを導入した。中小が大企業に伍して戦うには、社員が持てる潜在能力をフルに発揮することが大事だと思った。そのために、共通のゴールに向かってお互いが支え合うチームをつくることに、全社で取り組んだ。そのような過程で能力を発揮する若手にチャンスを与えた。そのころの若い人たちが、今の幹部になっている。

今回、企業研修としてインプロをやってみて、さまざまな良さがあることを感じた。

まずは、非日常性。会社という日常空間で、非日常的なことをやる。身近な人たちだけど、だからこそお互いのことがわかっていない。「こんな面もあったのか！」という部分がわかるのが楽しかった。インプロを通じて、日常生活の「当たり前」に、客観性、違和感、批判性を感じる瞬間だった。

また、からだを動かしているうちに、からだが変わっていくのがわかるのが楽しかった。インプロの特徴は、かかわり合いの中でからだを動かすことだ。個人レベルの身体の学びの場はインプロ以外にもあるだろう。また、インプロ以外にもコラボレーションの学びについての研修はある。インプロのおもしろく、優れているのは、身体技法でもあり、コラボレーションでもあるというところだと思う。インプロは他者との相互作用の中で自分と向き合うものである。インプロでの周りの人とのかかわり合いは楽しい。楽しく仕事をすることと、人とどうかかわるかということのつながりについて考えた。

そして、人を喜ばせるということはどういうことかを考えることができた。私たちの仕事は人に喜んでもらえるものをつくることである。そのためには、まず自分たちが楽しむことが大事。これを体感できる機会はあまりない。そのことを今回、バーチャルな場で体感できたのがよかった。そして、自分たちが楽しければ観客にも伝わるということが実感できた。

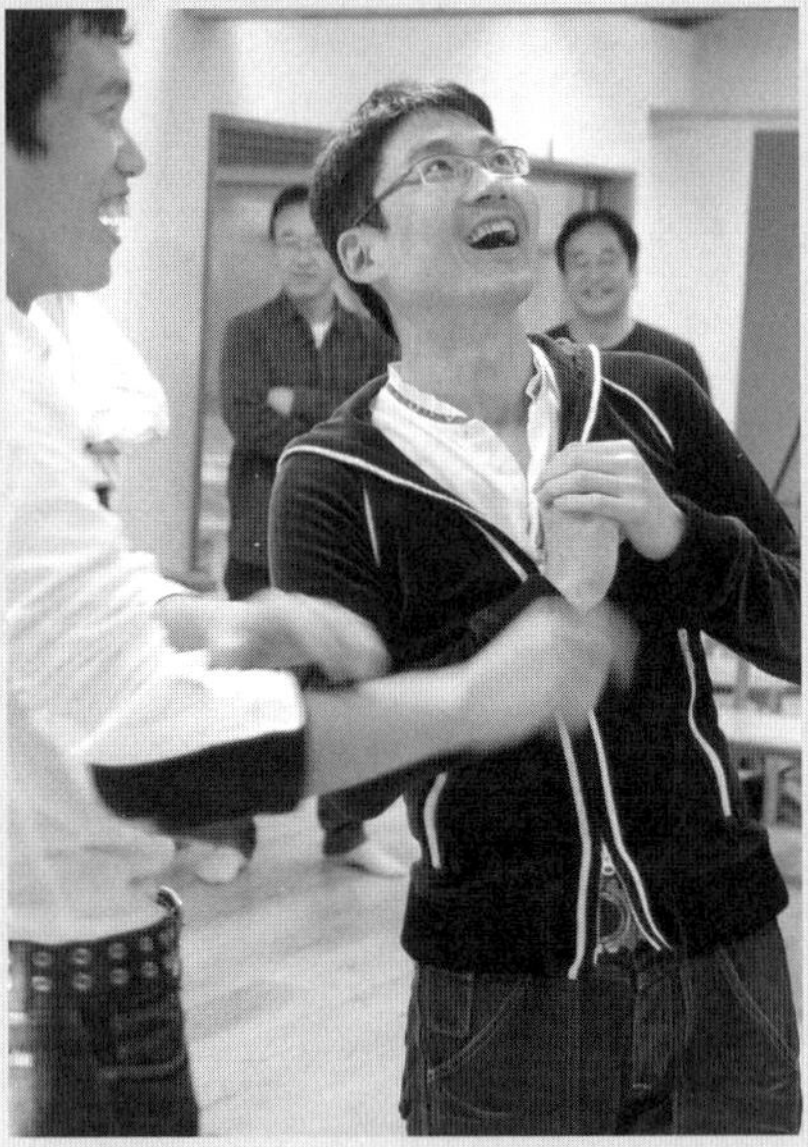

インプロの「Give your partner a good time.」という哲学からは多くのことを考えた。相手にいい時間を与えるとは、自らが楽しみながら仕事をして、その世界を広げることで、観客に楽しんでもらえるということ。以前、あるエッセイを読んでずっとひっかかっていた「エンターテイメントは目に見えない大勢の人に配慮すること」という言葉が腑に落ちた。お客さんをエンターテインするには、役者どうしが違う個性を持つお互いをリスペクトし合う。本質をついていると思っていた言葉が深く体感できた。

また心地よい場を共有するために、集団がつくりだすリズムやテンポが大切であることに気づいた。インプロで、他者とリズムを合わせながら即興で演じるのは、緊張と爽快が混ざった不思議な感覚がある。ミスを恐れず、思い切って自分をさらけだす気持ちよさは、体験してみないとわからない。

「大人は萎縮した子ども」という言葉もでてきた。

生まれつきの感性を、自然体で、仕事に生かせる天才もいる。しかしインプロによって、ふつうの人も、本来の感性を職場で発揮できるようになると思う。

「Give your partner a good time.」ということを心がけていると、自分の身の回りにいる人のどこがすごいのかということがわかる。人の強みを認めることができる人のところには、優秀な人が集まってくる。そのような人は、どんな人からも学ぶ人でもある。こういう感覚は以前より私の中にあったのだが、今回はそれを言葉で取り出してもらえた。

からだでわかることができれば、当たり前だと思い込んでいたことに対する見え方が変わる。知覚能力が高くなると、深いレベルで思考できる。異なる個性をぶつけ合って一つのものをつくる経験を通じて、行動レベルで変化が起こる。インプロ・ワークショップの可能性はそこにある。

経営は結果だけを求めてもうまくいかない。人と人との関係性や、プロセスをどう高めていくかということをいつも考えている。

インテグレーション（統合）という言葉は奥が深いと思う。仕事と生活とどちらが大事か。そういう対立概念ではなく、統合する感覚。仕事を通じて、生活を充実した、有意義な、楽しいものにすること。生活を通じて、仕事を充実した、有意義な、楽しいものにすること。楽しさ、学び、成果のトライアングルを考えて、楽しみながら、学びながら、いい仕事ができれば最高だ。

イノベーションはハプニングだと思う。敢えて近道があるとしたら、自分が心から実現したいと思うことを、明確に持つことだと思う。ビジネスの結果もコントロールできない、わからないものである。だからこそ、ビジョンを大事にしたい。お金をもうけようと思ってビジネスをやるよりも、人の役に立つかを考えてビジネスをやるほうが理にかなっている。一人ひとりの人生経験や主観を大切にしながら、普遍的な理論を探求する。科学的なことと、即興的なことのインテグレーション。バランスではなく両方を高いレベルで統合できるはずだと考えている。

4章

パフォーマティブ・ラーニングの時代

～身体・学び・イノベーション～

対談◎高尾隆×中原淳

1 インプロの知恵

行動が人をつくる

中原 この対談では、第2章で僕が書いた企業でインプロをすることの意味、また第3章で高尾さんに再現してもらった企業内研修、インプロ・ワークショップを参照しつつ、インプロの持つ知恵や力について、また、身体をともなう新しい学び——パフォーマティブ・ラーニング——について、その今日的意味などをめぐって話をしていきたいと思います。

第2章では、インプロについて僕の思っていること、考えていることを述べてきましたけれど、高尾さんの立場からは2章はどのようにお読みになりました？　インプロの個別のアクティビティにからめて解説をしてもらえますか？

高尾 まず、「組織社会化」[*1]ということに関してですが、中原さんが述べていた、学生の名刺の渡し方が変わるという話は、「ステータス」の問題としてみることができますね。学生の名刺の渡し方はステータスが高い人のふるまいなんです。社会人の名刺の渡し方のほうがステータスが低い。ステータスはインプロのキー概念の一つで、瀬戸内海放送のワークショップでも扱った【ステータス】[*2]の他にも、これを扱うゲームがいくつかあります。

背中を丸めるというしぐさの他に、例えば、頭を前後に動かすとか、目をパチパチさせると

*1　第2章「組織社会化される人々」(p.53)参照。

*2　第3章【ステータス】(p.151)参照。

か、からだを内側に向けるとか、これらはすべてその人のステータスを下げる動作です。一般的な企業人、それこそ組織化されたビジネスパーソンは、そのようなふるまい方を身につけているんですね。もしそれが、研修で「名刺を渡すときには背中を丸めなさい」というトレーニングを受けていないんだとすると、僕の推測では、それは「強化」(reinforcement) で身につけている。

つまり、背中を丸めているときと背中をピンと伸ばしているときとでは、ピンと伸ばしていたときのほうがよくないことが起こったり、痛い目にあうことが多かった。あるいは、背中を丸めていたほうが物事がスムーズに運ばれることが多かったんですよ。そうすると、自然に、背中を丸めるように「調教」されていくんですよね。

ステータスを扱ったインプロゲームがおもしろいのは、例えば、からだを内側に向けてくださいとか、頭をペコペコ下げてください、それでシーンをやってくださいって言うと、内面もそうなっちゃうんですよ、一瞬にして。まさに、行動がその人をつくる、行動がその人のキャラクターをつくってしまうという典型ですね。外側をつくることで内側がつくられていくことをインプロの世界では「マスク」といいます。仮面と一緒なんです。つまり、そういうふうな仮面をつけると、性格までそういう人になってしまう。

中原　その仮面がたぶん、剥がれなくなるんですよね。

高尾　能の役者さんは、面をつけていて、中でどんどん汗をかいてくると、面が自分の肌に吸いついてくる感じがするそうなんです。面が自分の顔の中に入ってくる感じがして、それはとても怖いことだという、狂言役者の野村万之丞さんの話を聞いたことがあるんです。それを思い出しました。

身体と言語――内省のメカニズム

高尾　中原さんが2章で、言葉を補完するメディアとしてからだを位置づけて考えていることは興味深く思います。権力と結びつく言葉ではなく、からだで動いたこと、無意識で動いたからだの状態をリフレクションするものとして、言葉の役割をとらえているといったほうがいいのかもしれません。僕もインプロにおいて、言葉とからだを相互補完的に考えているんです。

インプロのワークショップでは、そこで起こったことを言葉にしていく時間をつくります。実際にからだを動かしたあとで、小さなグループに分かれて参加者どうしでふりかえりをしたり、こういうふうにからだを動かすとこういうふうになるんですと僕が説明をしたりすると、自分がやっていた無意識的なことが可視化されてくるんですね。僕はそこがポイントだと思っています。

からだを動かすこと自体で〝裂け目〟は入らないんですよ。からだを動かしたあと、それを言葉にしたときに裂け目が入る。言葉にすることが効いている。ただからだを動かして、「はい、今日はからだをたくさん動かしましたね」っていうワークショップでは、たいてい何も起きていない。それでは「エクササイズ」ですよね。

中原　「からだを動かすこと自体で〝裂け目〟は入らない」とは慧眼ですね。そこで起こったできごとのプロセスを、一人称で、自分の言葉で表現したときに、内省が駆動し、裂け目が入る。同じ言葉にするにしても、自分に起こったできごとのプロセスを、一人称で、自分の物語として書きとめていくことが大事なんですよね。

高尾　エスノグラフィー[*3]の手法に通じますね。エスノグラファーは、現場に行って、そこで起こっていることを見ながら、常にフィールドノーツに何を書こうかと、それを言葉に置き換える作業をしている。

中原　そうですね。リフレクションで駆動する知性は、フィールドワークでエスノグラファーが発揮する知性に似ている、と僕も思います。僕も高尾さんも学生時代は、エスノグラフィーをやったことがありますよね。フィールドワークをやっている人でも、初心者には、現場に行きさえすれば事実が発見できると思っている人がいるという話を聞きますが、現場に行ったって、見ているだけではダメなんですね。現場で見たものを、自分で考えて言葉にした瞬間、文字に起こした瞬間に、はじめてそこで起こっていたことが「発見」できる。法政大学の長岡健さんは、「発見は〝現場〟では起こらない。〝書斎〟で起こる」ということをおっしゃっています。現場で活動をしているときには「発見」は起こらない。むしろ、現場で起こっているさまざまなできごと、データを書斎で解釈するとき、言葉にするときに、発見が起こる、ということだと思います。そういう意味でいうと、からだを動かすだけじゃなくて、そこから先に、それを言葉にして、リフレクションする場をどこかで一つ設ける必要があるんですね。

高尾　僕が研修やワークショップで「ふりかえり」「リフレクション」の時間をたっぷりとるようにしているのは、まさにそういうことなんです。

＊3　エスノグラフィー（ethnography）：フィールドワークの成果をまとめた報告書。民族誌。また、フィールドワークをもとにした研究のことも指す。フィールドワークとは、ある社会に滞在しながらおこなう調査のこと。人類学や社会学でよくおこなわれる。参与観察やインタビューなどの方法を採る。また、現場で取るメモや記録のことをフィールドノーツという。

主体としてのからだを生みだす

高尾　それから、「企業で仕事をしていると、褒められることがない」という記述も興味深いですね。これは瀬戸内海放送の事例ではないのですが、このまえ、ある会社のマネジャー研修で、【イルカの調教】ゲーム[*4]をやったんです。周りにいる調教師役の人たちが「リン」って言って、イルカ役の人にヒントを与えて、イルカ役の人がその「リン」の声に反応しながら動きまわって、調教師が望んでいることを当てるというものです。これは、正の強化（positive reinforcement）を使ったゲームです。ゲームが終わったあとに、行動分析学ではどういうふうに考えられているかということの説明をして、実際の犬やイルカの調教のときには、正の強化のほうが圧倒的に早く調教が進むんですという話をしたんです。

それで、そのあとで小グループに分かれてリフレクションをして、それを全員で共有したときに、「とは言っても、やっぱり叱らないとダメですよね」とか「褒めたって限界ありますよね」って話がどんどん出てきた。そしてだんだん、やっぱり企業はイルカの調教と違って、叱らないとダメなんだという話になってきた。やがて全体がそういう雰囲気になったときに、一人の男性が発言したんです。「僕らは今まで、褒めてもうまくいかないと言えるほど褒めたことありますか？　やったことないでしょう？　今まで叱る方法しかとってない。やってないんだから、まずやってみなきゃわかんないですよね。やってみましょうよ」と。そうして、今までのやり方ではなくて、新しいやり方をやってみようという話になっておわったのですが、そのあたりがまさに、拮抗した場面だったんですよね。その企業がもともと持っている文化と、

＊4　第3章【イルカの調教】(p.165) 参照。

インプロの持っている文化がぶつかった場面でした。

中原　同志社大学の太田肇先生が、『承認とモチベーション』という本を書いていらっしゃいます。[*5]ある一定期間に褒められた経験があるかないかで、どのくらいパフォーマンスが変わるかということを調べたら、褒められた経験がある人のほうが圧倒的に高いという結果でした。

　僕は「承認」の研究をやったことはないのですけれども、このことは実感知としてわかります。僕自身、大学院で研究室を持って院生を育成していますが、一方向的に怒られて、目を輝かせて、「先生、僕やります！　もっと高みをめざします！」なんていうふうに言ってきた学生は一人もいません。僕のほうも基本的にはよいところを褒め、悪いところを指摘するというコミュニケーションのモードに努めたいと願っています。でも、ずっと怒られて企業で仕事をしてきた世代には、褒められたという経験がないために、「叱られることで人は動く」という信念がこびりついているのかもしれませんね。

高尾　褒められたことがないので、褒め方がわからないということも……。

中原　あるかもしれませんね。でも、褒めるって、そんな難しいことではないと思います。よくやったな、と思ったときに「よくやったね」というだけの話ではないでしょうか。

　現代の企業で求められているのは、クリエイティビティを発揮するとか、新しいものをつくるとか、そういうことですよね。背中に包丁突きつけられたり、怒鳴られる中でクリエイティブになれるか？　っていうと、違うでしょう。怒鳴られ、こづき回されたあとに出てくる感情は、憎しみや悲しみですよ。何か新しいものを生みだそうという気にはなれません。先日、株式会社サイバーエージェント取締役人事本部長の曽山哲人さんが、こんなことをおっしゃっていま

＊5　太田肇『承認とモチベーション―実証されたその効果』（同文館出版 2011）

した。「基本的には、新しいことに挑戦させようと思ったら、企業に必要なのは、褒めの文化なのです。新しいことを生みだすモティベーションとなっているのは、〝新しいことにチャレンジしたよね、やったよね〟ってお互いに褒めるってことなんです」と。僕は、まさにそのとおりだと思います。一方向的に怒られ、「新しいことをしろ！　発想しろ！」と言われることほど、苦痛なことはないですよね。

高尾　ない。そんな抑圧は効果がないですよ。

中原　もちろん、仕事・職種によっては、「負の強化が有効、それがてっとりばやく結果にあらわれる」ということもあるのかもしれません。しかし、私たちの勤める企業が、もっともっと新しいものを創造しなきゃならないっていう課題に直面しているのだとしたら、部下には「その気になってもらうこと」、そのうえで「その人のクリエイティブな発想を阻害しないこと」が重要なのではないでしょうか。怒鳴られてクリエイティブになれる人、萎縮してクリエイティブになれる人なんかいないと思いますよ。少なくとも、僕は、自分がそういうときに、新しいことを思いつかない。

高尾　ここで、押さえておきたいことがあるのですが、【イルカの調教】ゲームで経験することで重要なのは、実は、正の強化のほうが調教が早く進むということではないんです。何がいちばん大事かというと、「人は人を変えられない」っていうことだと僕は思っているんです。

イルカを調教するといっても、結局はイルカが動いてくれなければ調教できないんですよ。イルカを調教できたときはイルカもハッピーなんです。しかも自分でできたと思っている。自分で何かやったことを周りのみんなが喜んでくれているというようにイルカには見えているんです。そのときには、「物としてのからだ」から「主体としてのからだ」に変質しているわけです。[*6] 直接的、強制的にこう動けと言っても、物のように人を変えることはできないけれども、もしそうじゃないかかわり方をすれば、今まで物だったものが主体として動きだす可能性があるということなんですよね。

失敗の実験室

高尾 中原さんが第2章で述べられていたことの一つに「心理的安全」の話がありました。インプロをするためには、まず心理的安全を確保しなければならないということですね。僕は、基本的にインプロ・ワークショップの場自体が、安全装置、実験室だと思っているんです。自然科学者が実験室を持つように、人文社会科学の人も実験室を持たなくてはいけないということを言ったのがデューイ[*7]で、彼はシカゴ大学に「実験学校」というものをつくったんですね。

中原 いわゆる「デューイスクール」ですね。

高尾 僕がやっている「即興実験学校」というインプログループは、実はそこからとったネーミングなんです。何が実験室の特徴かというと、例えば、ある薬品とある薬品を混ぜて、そこでバーンと爆発したとしても、その実験室の外には被害が出ないということなんですよね。そこで起こる失敗とか事故は外に影響を与えない、外部と切り離されているという意味で安全だということなんです。

ワークショップをするときには、僕はそういう実験室のイメージを持っています。ワークショップという言葉は「作業場」という意味だし、フランス語でいえば「アトリエ」で、そこは

*6 「物としてのからだ」「主体としてのからだ」→第1章「からだの両義性」(p.27) 参照。

*7 ジョン・デューイ (John Dewey 1859-1952)：アメリカの哲学者。その思想は、哲学、教育学、心理学、倫理学、政治学、芸術学など幅広く展開され、アメリカのみならず、日本を含むアジア、さらには世界中にも大きな影響を及ぼした。著書に『学校と教育』『民主主義と教育』『思考の方法』などがある。「実験学校」については、『学校と社会』の中で述べられている。

作業する現場なんですね。ご存じのように、現代アートの人は、アトリエではマスクをつけて溶接していたり塗装していたり、いろいろと危険な作業もしているけれども、そこで何かが起こっても、外には被害は及ぼさないわけです。

さきほどの中原さんのワークショップでいえば、企業の中での関係、上司なのか部下なのかというものはなるべく無化したい。その場にいる、その人だけが関心事になるのが理想的な実験室ですね。

中原　僕は正直、企業研修のときには、その会社の会議室だけはできれば使いたくないんです。企業研修のコストカット・内製化が進んでいるので、なかなか難しいのですが、できれば、避けたいんですね。これは全く数字にあらわれないのだけれど、そういう場所では日常の何かが影響を与えてしまうんですよ。だから、なるべく企業内の日常業務やしがらみ、権力関係が物理的にも精神的にも影響しにくい外部へ出ましょうって言うんです。実験室的に外からも影響与えないし外にも影響を与えない、そういう場所で、もう一回自分たちをふりかえってみるというようなことをやったほうが結局うまくいくんですよ。社内の会議室を使うと、例えば、六階で仕事している人が研修のときには、階段をのぼって八階に行って受講するということになります。それで、電話がかかってくるとすぐ下に行っちゃう。休憩時間にみなさん、メールチェックに行きますよね。トイレに行ったと思ってたら、職場に行って帰ってこないとか、そういうこともあるんです。

高尾　日常と切り離されていないことで決定的にマイナスなのは、今の実験室の特徴でいうと、「失敗ができない」ってことなんですよ。そこでの失敗が日常につながるということになれば、みんな失敗したくないわけです、当然。だから、その失敗するリスクを避けるようになります。
でも、そこが切り離されていて、ここでのことはここでのことだし、ましてここでやっているのは演劇で、仕事とは全然関係ありませんよというふうになっていれば、そこで失敗することは仕事の失敗でも何でもないし、やりたいだけやってみることもできる。そして、最初に【さしすせそ禁止】ゲーム[*8]とかの、失敗することはむしろいいことだっていう、「受け身」からまず入る。失敗の受け身を学んでしまえば、つまり、失敗すればよけい盛りあがるってことがわかってくると、どんどんどん失敗する、失敗するために実験室にいるということになるんですよね。

中原　そこもインプロと日常の大きな違いですよね。現代の企業経営では、失敗をおかしたときの社会的制裁、企業経営へのインパクトが大きくなっていますから、なるべくリスクを避けようとする。しかし、インプロでは、失敗して失敗して、リスクを積極的に取ろうとする。これは明確な違いかもしれませんね。

虚構の世界にあらわれる本質

高尾　でも、一方で不思議なのは、どんなにインプロやワークショップで日常から離れようと思っても、実は、そうした非日常の場では、「日常で無意識のうちに生じている思考や行動のエッセンス」がふいに現れ出てくる瞬間というものがあるということなんです。そのエッセンス、本質を抽出する触媒の役割を果たしているものとして、演劇の持っているフィクション性があると僕は思うんです。演劇というフィクションの中だからこそ、本質に迫ることができる。

*8　第3章【さしすせそ禁止】(p.105) 参照。

中原　具体的にはどういうことですか？

高尾　私たちの中には「日常はほんとうの世界で演劇はうその世界」というイメージがあると思います。でも、実は逆なんじゃないかなと僕は思うんです。演劇でうそをやってしまうと、お客さんにばれてしまう。だから、俳優はいかに舞台上でほんとうでいるかを考え、うそがないように工夫し、トレーニングします。

私たちの日常でほんとうのことを言ったりやったりすると、相手の心証を悪くしてしまったり、いろいろな不都合が生じることがある。だから、不都合が生じないように小さなうそで固めてほんとうのことが出てこないように工夫をし、トレーニングをしている。演劇では、本質的なことを避けると、逃げていることがお客さんにばれてしまうので、本質から逃げないようにする。一方、日常は本質的なことにふれようとすると、面倒くさいことになってしまったりするので、本質的なことを避けようとする。実際の社会では、みんな適当にうそをつき合いながら、本質にふれないようにほどほどにやっているんです。

演劇は「フィクションであるからこそ本質的である」という逆説を持っているんじゃないかと思います。お客さんは、人を殺したり、許されない恋に走ったり、日常ではやってはいけないことが起こるのを見に来ます。これは言うならば、日常では絶対にできない、でも人間の本質にかかわることを、フィクションという場で試している、シミュレーションしているともいえます。フィクションという次元に飛ぶことによって本質があらわれるというのが、演劇のいちばん強いところだと思います。

インプロも、まさにからだのせいにして、かなり本質的なことをやるんです。あたまで先を考えていて今のことが全然見えていないという現象も、かなり本質的な問題です。けれども、それを一生懸命に働いている人たちに向かって直接、「あなたたちは仕事のときに先ばかり見ていて、今の状況を見てないですよ」なんて言っても、実感としてもないし、反発を覚えるだけでしょう。でもそれを実際にインプロでやってみたときには、「あれ、なんかうまくいかないな」「なぜだろう?」「なるほど、そういうわけか!」という、本質的なリフレクションにつながる可能性がある。だから、むしろ非日常のインプロのほうが――しかも僕は外から来ていて仕事内容にはかかわらないというスタンスでいるので――本質のことをズバッといきやすいんですよね。

中原　それはそうでしょうね。内部の人は言えないですよ。

高尾　僕は、外からやってきているということと、演劇という企業活動とは異なることをやっているという意味で、二重に外部の人間です。だから、知らん顔して言えることがあるのだと思います。

Be here now――今を生きる

高尾　中原さんからはインプロの持つ即興性についても話がありました。企業の日常活動では、常に先に先に物事を考える一方で、「現在」への意識が薄くなってしまうこと、計画性が重要視されすぎることによって、想定外のアクシデントには恐怖心などが生じて、その場その場の対応力が弱まってしまうなどの問題が挙げられるのだと思います。

インプロビゼーション(improvisation)は、「先を(pro)見ること(vision)」をしない(im)という言葉です。インプロにとって「今・ここ」を生きるということはとても重要な、本質にかかわることです。キース・ジョンストン[*9]は、今を生きるのが難しいという、その問題を解決するために、日本の剣術のこと――沢庵宗彭[*10]が言っていることなど――をいろいろ研究しました。沢庵宗彭という人は禅のお坊さんだったので、「敵がたくさん襲ってくるときにはどうしたらよいのか？」という問いに対して、「ただ目の前の敵を切ればよい」とかそういうことを言うんですね。つまり、今、起こっていることを見て、今、必要なことをやっていけば、結果的によくなるという教えだと思います。でも、私たちにとっては、それがなかなか難しい。

これは、つい先日のワークショップでの話になるのですが、すごくうまくいってたんですね。ゲームもとてもスムーズにいくし。でも、途中からなにか変だ、スムーズにいきすぎて変だと感じたんですよ。参加者のみなさんが、「ここから先どういうふうに動いたら、与えられたゲームやその設定がうまくいくか」ということを考えて、やりながらちょっとずつ先を考えてやっているのではないかって思ったんです。実際にうまく流れているし、楽しそうに見えるのだけれども、この人たちが役者だとしたら、役として見えなかったんですよ。今そこにいる感じが全然しなかった。演劇で、例えば、ハムレットをやっているとします。もし役者が今ここを生きていたら、観客の目の前には、今まさに苦悩するハムレットの姿があらわれます。しかし、役者が「このあとどうしよう」とか、「このあとのセリフなんだっけ？」とか、少し先のことを考えていたとしたら、観客の目の前からハムレットは消えてしまい、これからどうしようかと考えているハムレットを演じている役者の姿があらわれるんです。

まさに、ちょっと先を生きていて、プランしているんですよね。ちょっと先を生きているん

＊9　キース・ジョンストン→第1章（p.12）参照。

＊10　沢庵宗彭（たくあん・そうほう 1573-1645）：但馬（現在の兵庫県）生まれ。戦国時代末期から江戸時代初期に生きた臨済宗の僧。禅と剣は一つであることを説き、その後の日本の剣術に大きな影響を与えた。著書に『不動智神妙録』など。

です。プランして、たぶんこのシチュエーションだとこの先にこうしたらいいだろう、ああしたらいいかもしれないっていうことを考えている様子が僕の目の前に映っていたんです。そこにすごく違和感があって、うまくいってみんな楽しくワイワイやっているんだけど、ちょっと違うなと思ったんですね。

それで、このときに何のゲームをしたらいいだろうかと考えて、選んだのは【サムライ】ゲームと【ハット】ゲーム[*11]でした。【サムライ】と【ハット】は、「今を生きる――be here now」のためのアクティビティなんです。つまり、先のことを考えていると、隙ができて切られたり、帽子を取られたりして負けてしまうというゲームなんですね。シーンをしているときに、ただそこにいるだけってことをしないと、やられちゃう。そのゲームになった瞬間、うまくいかなくなりはじめたんです。

僕は、もちろん楽しくやってほしいという気持ちはあるのですが、たぶんこのままうまくいくゲームだけをやって終わるとすると、「ああ、インプロ楽しかったね」で終わってしまうと思ったんですね。「リスク取りなさい」って言いながら、ファシリテーターがリスクを取らないわけにはいかない。思いついたら、やっぱりやらなければいけないと思って、その場の判断でこういったゲームを取り入れました。結果的に、おわりのときには、みんなモヤモヤとして、「インプロ、よくわからなくなりました」みたいな感じになってしまったと思うのですが……。

中原　僕もそのワークショップに参加させていただきましたが、何人かの人が言ってましたよ、「なんだか、わかんないんですよね」って。僕は「そうでしょうね」って言って、「でも、そのモヤモヤをいったんは抱きしめてください」と言いました。

*11　第3章【ハット】(p.174) 参照。

けれども、そのモヤモヤ感をそのままにしていたら、それはただモヤモヤしてるだけじゃないかという話になってしまいます。一度モヤモヤに出会い、そのモヤモヤをすっきりさせていくことが学習なんだと思うんです。さきほどの話にからめるのだとすると、からだを動かして、インプロしてみて、モヤモヤする。そのモヤモヤを、少しずつ少しずつ自分の言葉にしていくこと、意味づけることが重要であると思います。インプロによって日常を飛び出し、そこで起こった、一見わけのわからないできごとを、今度はみんなで言葉にしていかなければならない。その活動が内省に他ならないですね。

高尾　この、ちょっと先に生きてしまうということで、瀬戸内海放送のインプロ研修でおもしろかったのが、社長の加藤さんが【ワンワード】というゲーム[*12]を、「これがいちばん苦手です」とおっしゃっていたことですね。これは、二人一組になって、一人がひと言ずつ言って、一つのお話をつくっていくというゲームなのですが、加藤さんはもう自分の中で話の先ができちゃうんです。それで、それを言おうとするんだけれど、当然、相手の人は、加藤さんのあたまの中にあるストーリーとは全然違うことを言うから、加藤さんはその先のプランを全部捨てなくてはならなくなる。「僕これできないんです」って言われました。まあ、嬉しそうにおっしゃるんですけれど。

中原　経営者ですからね、先を見て、ビジョンを描かなくてはなりませんからね。加藤さんが、それが苦手という意味もわかります。そして、僕もそのゲームは苦手です。僕も、ここがどうなるかとか、全部先を読んでやるタイプの人間なんですね。だから、なんか、いきなり相手にこう、「洞穴に入りました」とか言われたら、「えー！」みたいになっちゃう（笑）。

＊12　第3章【ワンワード】(p.122) 参照。

日常を深く問うことによって見えはじめるもの

中原 そういう意味でいうと、ここにリフレクションの可能性があるんでしょうね。「なぜ自分はこのゲームができないのか？」「なんで私はこのゲームが楽しめないのだろうか？」と、アクティビティの構造を横に考えていく。すると、このゲームはこんな構造を持っているのか、そうすると、これができないということは自分は……というふうに考えていくことができるのだと思います。つまり、自分は、前のめりすぎる生き方、意志決定をしていたな、というふうに、内省が駆動できるんでしょうね。それならば、なぜ自分は前のめりの生き方、意志決定をおこなっていたのだろうか。何が、自分を駆り立てていたのか、というふうに進んでいけば、クリティカルなリフレクション、深いリフレクションにつながるということですよね。

高尾 インプロがおもしろいのは、うまくいかないときの原因を探ると、これが日常生活の何かにあたっているんです。例えば、【ハット】ゲームをやっていてうまくいかないとします。【ハット】でうまくいかないときには、相手と話をしながら、このあと何を話そうか、このあとどうしようかと考えていて、心ここにあらずの状態になっています。そのことに気づくと、日常で人と話をしているときにも、このあとのことばかり考えていて、相手からはここにいないように見えているんじゃないかと思ったりするわけです。例えば、テレビ局で報道の仕事をしている人が、取材のときにインタビュー相手から自分がそのように見えているんじゃないか？　というように、日常の自分をふりかえったりする。

中原 インプロをやることで、日常の「当たり前」が逆投射されるということですね。つまり、そこにリフレクションが駆動する。

インプロという「得体の知れないもの」をやっていくと、「なんで私は、今、愉しいんだろう?」とか「なぜ自分は、ふだんの仕事では生き生きしていないのだろう?」みたいなことを思うようになりますよね。そのときに、もしかしたら、自分が立っているこの位置というのが特殊なのかもしれないっていうふうに、日常を問いはじめることが起こりうる。同じメンバーで、インプロしていたときは愉しくて、仕事をしたときには、なぜ、そうでないのか。そこに起こっている「何か」が見えてくるのではないかと思うんです。例えば、権力の問題と密接にからみ合っていたりするとか、会社の特殊な風土に起因していたりするとか、そういうことが自ずとわかってくるんだと思うんです。その「問い」「裂け目」があってこそ、その延長上に、クリエイティビティの世界があるような気がしています。

2 現代社会と「学び」のデザイン

「学び」の根本としての他者

高尾　このあたりで、いったんインプロ研修からは離れて、現代社会と私たちの学びというところに話を広げていってみましょうか。僕と中原さんとでは、研究対象は違いますけれども、お互いの仕事の根っこにあたるところには、従来の教育観、学習観をパラダイムシフトさせたところに出てきた新しい「学び」というものを、どのようにして私たちの社会に組み込んでいくかという問題意識があるように思っています。

中原　そのとおりですね。僕は学びについて、二つの信念があるんですが、その一つは、当たり前のことなのですけれども、人は一人では学べない、人は一人では変われないということなんです。「学ぶ≒変わる」ためには、他者がどうしても必要です。究極的に言うと、自己を自己で認識し、律するためには、どうしても他者の助けや他者の視点が必要だということです。自分が今立っている、その立ち位置が何なのかということは、一人でウンウン唸っていてもわからないし、自分がどこに向かおうとしているのかも、なかなか一人ではわかりません。そのときに、他者を鏡にしたり、他者の言うことを素直に受け入れたり反発したりしながら、変わっていくということですよね。あるいは、独力では無理だけど、この人とだったら、自分はもっと大きな事を成し遂げられるかもしれない、自分は変われるかもしれないという社会的予期が、人を変えるのだと思います。

この「学びと他者の関係」を僕は重視しています。他者に開かれてコミュニケーションが成立しているときには、学習が生まれ、変化が生まれます。そのことを、僕は自分の中に強い信念として持っているんです。

ここ（東大駒場キャンパス）で新入生対象の授業をしてきて、非常に印象深かったことがあります。僕は必ずグループワークをするのですが、そうすると、「なんでグループでやるんですか？」「なんで一人でじゃいけないんですか？」「一人でやったほうが早いじゃないですか？」って言う学生が必ず出るんですよ。グループ学習に抵抗がある学生がいるんです。「いや、この授業では、みんなで調べて、まとめて、意見を戦わせて、一つのアウトプットをつくることをやりたいんだよ」と言って、彼らのその学習観というか、アウトプット観というか、何が学習なのかっていうものを変えていこうとするんですが、中には変わらない人もいる。「勉強は、人でするもの」――これをものすごく強固に植えつけられているなあと思います。でも、ほとんどの学生は、はじまればはじまったでうまくやるんです。単にやったことがないだけ、そういう機会と環境がこれまでになかったということなんですね。

高尾 それは「なんで個人でやるんですか？」って問い返したほうがいいですよね。「なんで学ぶことが個人の作業なのか？」って。

中原 僕がこれまでに、いくつかの企業と実施してきた共同研究の根本にあるのは、「学びの他者性」なんです。ビジネスの領域って、ほうっておくと全部「個」に振れていく。強い個がさらに強くなるために経験を積み重ね、知識を得て、偉くなっていく。そのときに、そこにほんとうは介在していたはずの「他者の存在」が語られることはなかなかない。もちろん、最後は個なんですよ。でも、個として確立する、何かを成し遂げる背後には、多くの場合、他者の存在や視点があるのです。しかし、ここが見逃されます。圧倒的成功者の回顧的な語りからは、「自分がいろいろな人に支えられてここまできたこと」は語られず、「すべて私がやった」ということになりがちなんです。でも、実際は違うと思うんですよね。

僕のしゃべっていることは、経営者、ビジネスの人からは、何をぬるくてかったるいこと言ってるんだって思われるかもしれない。けれども、これを叫び続けることで少しでもバランスがとれればいいなと思っているんですよ。世の中は市場とマネーの力が強大です。ほうっておけば全部そっちに行くんです。人なんて重視されない、学ぶなんて、省みられることもない。個人の成長なんてどうでもいいというふうになる。だから敢えて「人、人」「学び、学び」「成長、成長」って言い続けるのが自分の果たすべき役割なのかなというふうに思っています。経営・組織のキワで、「人」「学び」のことを叫び続ける、というのかな。ぬるくてかったるいことの重要性を言い続ける。それが、僕のミッションなのかなと思っています。

人生は変わり続け、学び続ける営み

高尾　ところで、そのように教育について強い思いを持っている中原さんが、なぜ、学校教育でなく、企業人の学びのほうに研究対象を定めたのかというところの話なんですが、確か、十数年ぶりに会った、その日の帰りに地下鉄の中で聞いたんですよね。
　教育とか学びが、いかに人の人生を豊かにするのかを考えたときに、学校の時間だけを相手にしてやっていたのでは、人生の大半を過ごす、成人としての時間のことを無視した学習研究になってしまうと。学びが人に幸せをもたらすものだと考えたら、この問題を考えないことにはしょうがないんだ、だからこの問題をやっていくんだっていう話でしたよね。「人が幸せに生きていくことと学ぶこととが、どうかかわっているのか」ということをトータルとして考えていきたいという視点ですよね。そのときに聞いたのが、私たちが学校にいる時間と会社にいる時間。学校で過ごす時間ってトータルで何時間くらいでしたでしょうか？
中原　小学校から高校までで、一二〇〇〇時間という試算があります。
高尾　企業にいる時間は？

中原　約六八〇〇〇時間ですね。長いとは思いませんか？

高尾　いやあ、長いですよね。

中原　「希望学」を提唱なさっている玄田有史先生の本[*13]に書いてあるのですが、「あなたが希望を感じる瞬間はどのようなときですか？」と日本人に尋ねると、六六％の人は「仕事しているとき」と答えたそうです。これについては、ワーカホリック、病理だともいえるのかもしれませんが、仕事が生きるうえでの精神的なエネルギー源なんだという肯定的な解釈もできる。でもこれを逆に言うと、仕事で希望を感じられない、仕事に明るさとかを感じられないと、生きる希望もなくなってしまう可能性が少なくない、ということなんですよね。

社会環境が常に変わっていくということは、新しい知識を学んだり、自分の中にあるものを壊したりするということが常に起こり続けるということです。それはもちろん、「学習が強制される社会」ともいえます。「望むと望まないとにかかわらず、変化することに興味を持たなきゃならない社会」だと言わざるをえないところもあります。そうした社会の特質を糾弾することにも一定の意味があります。しかし、一方で、そうした社会のあり様は、すぐには変わりません。僕は、そうした社会の負の側面を承知したうえで、今、少しでもプラスになることを考えたい、と思います。「学んでいくこと」で、そういう変化にも対応しつつ、仕事の中でも成長感を得たり、仲間との支え合いに楽しさを感じたりしながら、希望を持つことができる、そういう可能性やビジョンを、僕は模索して提案していきたいのです。

ちなみに、六〇歳から人生をまっとうするまでの時間は、この長い仕事の時間の、そのまた二倍以上もあるんですよ。仕事の時間、オフィスアワーは九時から一七時までですが、定年後

＊13　玄田有史『希望学』（中央公論新社 2006）

は起きている間すべてがその人の時間なわけですから。僕はまだやってませんが、六〇歳以降、七〇、八〇歳までの時間をどう生きるかという学習研究が今後、求められていくようになると思います。

高尾　六〇代、七〇代の方々とワークショップをさせていただく機会もときどきあります。主に男性の方に多いのですが、僕がゲームのやり方を説明しても、「こうなったらどうすればいいんですか?」「これはしてもいいんですか?」など、事前にすべての不安が解消されないとゲームがはじめられないということがときどきあります。また、「これはもう知ってる。だからやる意味はない」と決め込んで、ゲームには参加せず、お手伝いで来てくれている若い演劇人をつかまえて、ワークショップの間、ずっと自分の話をされていたという方もいました。女性の参加者の方がそれを見て、「うちの旦那と一緒だわ」とおっしゃっていましたが(笑)。人生が変わり続け、学び続ける営みだとしたら、予想外のことに出会う勇気や、それによって変わっていく柔軟性などを持ち続けることによってこそ、人生を固めてしまわず、より豊かにしていくことができるんじゃないかなと思います。

異文化領域を「学び」でつなぐ

高尾　生涯教育や企業内教育の重要性は、人がそこで過ごす時間の大きさの点からもいえることですが、教育学の研究者は今までそこへ向かわなかった。特に利潤追求をおこなう企業は、「お金」を嫌う教育という文化となじまない。企業における個人の学び、成長という問題はアンタッチャブルとされる研究領域だったんですよね。中原さんの仕事は、そういう伝統的な見方からすれば相当な異端ともいえると思うし、いろいろな壁や誤解も生じているのかもしれませんね。

中原　僕は学習研究のキワにいますからね。「まさか、企業・組織を研究対象にするのかよ」という雰囲気もあるのかもしれませんね（笑）。でも、そうは言いますけど、そういう方のお父さんやお母さんだって、民間企業・組織で働いていたじゃないですか。この国の多くの人々は、何らかのかたちで、経営や組織とかかわって生きているじゃないですか。そこを、学習研究の舞台にしていくことが、僕のミッションです。

高尾　中原さんが追いかけている物事の本質は、僕たちの生きる時間の多くを占めているその時間を豊かにするために、どう学びが使えるのかとか、学びというものが入るともっと仕事が楽しくなるでしょうってことですよね。

中原　まさに、やりたいことはそういうことです。僕の研究は企業・組織における学びからはじまり、そこを基盤にしつつ同時にそれを超えていくと思います。教育の研究にとってのタブーは企業で、いまだに不信感のようなものが相当あると思います。企業はすぐ儲けようとする、がめつい、狡猾でいいように利用されてしまうとか言って。反対に、企業の人から見れば、学校・教育は「よくないもの」に見えてしまう。でも、そのタブーは、お互いがお互いを知らないことによってつくられているように見えるんです。

ここ一〇年くらい企業の人たちとつき合うようになって感じるのは、企業の人がイメージしている学校は、二〇年前の学校だということ。つまり、学校教育のことをよく知らない。逆に、学校教育の人たちが、企業って嫌だよねっていうときの企業は、ものすごい昔の企業のイメージ。お互いが無理解な状態で、コミュニケーションの回路が生まれないんですよね。

高尾　それは演劇と教育の関係と全くパラレルですね。演劇人が学校に入ったりすると、学校は子どもたちをがんじがらめに管理しているはずだから、俺たちが自由にしてやらなきゃならないっていう話になりがちだし、学校の側からすると、子どものことなんて何もわかっていない演劇人が入って来て学校をかき乱してたいへんになっちゃうって話になるし。両者がそのまま出会うと問題を起こしてしまうんだけれど、そのときに学校の先生は二〇年前の演劇をイメージしているし、演劇人は二〇年前の学校をイメージしている。国の施策もあって、ここにきて交流が進みつつあるのですが[*14]、無理解によってお互いにけん制し合っているような状態はまだまだあるように思います。

中原　企業と学校にしても、演劇界と教育界にしても、対話とか学び合いをうまく使って、こうした異質な文化間をつなぐチャンネルを開くことが必要ですね。

働く職場に「学び」のエッセンスを

中原　学び、ラーニングというものは、これからの社会にとって、世の中で考えられている以上に、あらゆる局面でますます必要性が増してくると思います。今後、外部環境の変化がますます激しくなるからです。でも、残念ながらそうした認識はまだまだ薄いといっていい。企業で人事を担当している人などの中にそういうことに注目する動きが出てきたな、看護の世界にもちょっと出てきているかなと思いますが、まだまだです。この広い世の中のいろいろな場面で、いろいろな仕事をしている人たちの仕事の中に、もうほんの少しでも「学び」のエッセンスを入れたら、俄然その場がよくなるのに……という思いがありますね。

＊14　文部科学省は二〇一〇年度から「芸術表現を通じたコミュニケーション教育の推進」をかかげている。二〇一一年度からは、文化庁の「次代を担う子どもの文化芸術体験事業」の中で「児童生徒のコミュニケーション能力の育成に資する芸術表現体験」が実施されるようになった。それにより、演劇人などの芸術家を学校に招いてのワークショップがより活発になってきている。

このあいだ、沖縄にある、あるリゾートホテルに行ったのですが、そこで子ども向けのワークショップをやっていたんですね。ワークショップに息子を参加させました。それで、ずっとそのファシリテーターの人のことを見ていたんです、後ろのほうから。バケーションくらい休めばいいのに、どうしても仕事柄、気になってしかたがなくって(笑)。もちろん、口には出しませんよ。とても素晴らしいワークショップだったのですが、その様子をずっと見ていて、ここで、ここを、もうちょっと工夫すれば——例えば、グループ学習の原理について学んでそれを使えていれば——ぐっと場がよくなるのになあと感じました。

そのときに思ったことは、今まで「学び」という言葉だったり、「学び」のテクニックだったり、そういうものがなかなか流通していなかった現場って、旅行業界、ツアーリズムを含めて、まだまだいろいろあるんだろうな、ということです。旅行関連の方々には、自分たちが今ホテルでやっているワークショップに役立つ知識とか知恵とかを研究している人たちがいるってことは、なかなかわからないのだと思います。教育とか学習の世界でどういう研究がなされていて、どんな原理がつくられているのか、どういう実践知があるのかについての情報が入っていかないんだと思います。それは、僕たちの努力不足もあるんだと思うんですよ。

僕は、こうした、今までは「学び」なんてことと無縁だった世界に、「学び」を持ち込みたいんです。そこになにか、小さなヒントや気づきをもたらしたい。現場のフロントラインで、「学び」に関係している方々に役立つ知見をつくり、お伝えしたい。そうすれば、総体として、社会はもっともっとよくなると思うんです。

高尾　ほんとにそうですよね。でもそのときに、なぜ人々が「学び」に寄ってこないのか、学びがそこに入っていかないのかということの要因の一つが、「学び＝苦しくてつらいこと」というイメージが、人々の中にできてしまっているということだと思うんですよ。

僕らはそれを変えたいんですよね。学びって楽しいことだし、そんじょそこらのエンターテイメントよりも長く楽しめて奥が深い、そういうふうに考えたい。そう考えれば、たぶん、リゾートで子どもたちが遊ぶことと学ぶことはそんなに遠いことじゃなくなる。ただ、それを「学び＝勉強＝座学」って考えた瞬間に、ワークショップでからだ動かして楽しんだあとは、会議室に机を並べて夏休みの宿題もできますっていう発想になっちゃう。

そういう、学びに遠い領域がまだまだたくさんある中で、学びの概念やワークショップ、パフォーマティブ・ラーニングが、今、急速に入りつつあるのが医療・福祉の世界ですよね。

中原 そうですね、僕もよく医療関係のところからお声がけいただけるようになりました。今、医療の世界は、医療を一方的に提供するというモデルから、患者と医者でいかにコミュニケーションしながら医療という現象を成立させるかというところに重心が移ってきているように、門外漢ながら感じます。もちろん医者と患者の間には、非対称の権力関係があります。それを無化することはできないのだけれども、医者、患者、コメディカル――医療に関係するさまざまな人々――がコミュニケーションとりながら、合意形成しながら、医療を達成していく、そういう医療の姿が模索されているように僕には感じられます。

先日、あるお医者さんからお聞きしたのですが、このきっかけになったのは新医師臨床制度[*15]ができたことらしいんです。それまでは、医局で、つまりはピラミッドのような堅固なヒエラルキーの中で熟達しろという話だったのが、それぞれの病院で教育しなさいというシステムに

＊15 新医師臨床制度：新卒の医師に対して大学病院や国が指定する医療機関における二年間の研修を義務づける制度（2004～）。研修先は本人が自由に選べるため、一部の病院に研修医が集中する現象が起きた。

変わった。そのことによってどういうことが起こってきているかというと、教育をすごく熱心にしっかりやる病院にお医者さんが集まるようになったわけです。医療の世界というのは、何人医師を抱えることができるかで経営の予想がつく世界だそうですから、逆に言うと、教育というものをそれぞれの病院が重視せざるを得なくなった。自分たちは教育病院なんです、いろいろな技を持った先生がいるのでうちに来たらたくさん学べますよというようなことが、経営にとってとても重要になってきたということなんですね。

一年ぐらいまえだったでしょうか、日本医療教授システム学会というのが立ちあがって、そこで雑誌をつくりますということになって、僕はその編集委員をお引き受けしました。それで、医学の世界ではどんな学習研究をやっているのかなと、ある医学教育の雑誌を見たんです。まだ、その世界のメインテーマは「教育」であって「学習」じゃないんだなと思いました。どういうことかというと、卒前、つまり、医師が医学部を卒業する前までに、どういうカリキュラムをつくって、どういう教育を提供するかということに研究の主眼が置かれているのですね。

確かにそれも重要です。ですが、一方で、もう一つ重要なことは、卒後にいかに医療関係者の方々が、現場で学んだり、学び直したり、場合によっては、学びほぐしたりする環境をつくるか、ということなのだと思います。つまり、病院という働く現場において学ぶ環境をいかにつくるかということですね。これらの研究には、もう一つ問題があります。それは対象者の問題です。今の医療って、お医者さんだけではできないでしょう。医師、看護師、さまざまなコメディカルな人たちが連携しながらやらなくてはならない。でも、やっぱり「医学教育＝医師教育」なんですよ。学会の学術雑誌「医療職の能力開発」の創刊号を出すにあたって、僕は全くの門外漢ながら、それは違うんじゃないだろうかと問題提起をしました。医療者学習論とか、そういう話にしていかないと現実のニーズには合わないのではないですかと。

高尾　僕のほうは介護の領域での仕事が多くて、介護指導者の養成プログラムの中でインプロをしたりしています。介護をある程度やってきて、後輩を育てる立場になる人が介護指導者の研修を受けるんですね。もちろん介護についての理論的なことや技術的なことも学ぶのですが、その他にも利用者とのコミュニケーションや職場でのコミュニケーションの問題があるので、そこでインプロをする。

呼んでもらったインプロ研修に、たまたま、聴覚障がいを持ちながら介護の仕事をされている方がいらしてたんです。そうしたら、その方に、今度は聴覚障がいのある人たち向けにワークショップをやってくださいって言われて、聴覚障がいのみなさんとワークショップをやったんです、手話通訳付きで。そうしたら今度は、その手話通訳をされていた方から連絡が来て、手話通訳者向けにワークショップをやってくださいっていう話になり、手話通訳者のみなさんとインプロをやりました。

介護や福祉の領域はすごく広がってつながっているんですね。その理由がワークショップをする中でよくわかってきたんです。この領域に共通しているのは、からだを通じた人とのかかわりがとても重要な問題だということです。でも、このことについて、考えたり、検討したりする方法が今まであまりなかった。だから、どうすることもできないものだとして、経験を積めばどうにかなるだろうなどと、そのままにしていたのだけれど、なんとかそういう能力をトレーニングできないだろうかと考えはじめていた。そのときにインプロが使えるんじゃないかと思ったということなんです。

中原　それは興味深いですね。確実にインプロが役に立つと思って導入してないってことですよね、導入するほうも。でも、インプロが、なにか自分たちのコミュニケーションの世界に横たわる問題と近いところを探求しているのではないかという予感があったのでしょうね。

高尾　そういうことだと思います。僕は、企業も含めてこういう現場が大好きなのは、ほんとうに困っている問題がそこにあるってことなんです。例えば、ピクサー[*16]はインプロを導入していて、社内にインプロ劇団までありますけれど、そこで働いている人たちに創造性や協働性が身につかなかったら、ピクサーという会社が潰れますから。「学び」をいかに取り込んでいくかは、ほんとうに死活問題なんです。

3 パフォーマティブ・ラーニングの時代

反転の文化装置：カーニバル——非日常空間における身体

中原　対談の最後にもう一度、パフォーマンス、身体ということと、組織変革のための学びについて考えていきたいと思います。

高尾　僕はパフォーマティブ・ラーニングのイメージをつくろうと、そのヒントになるものを探してきたのですが、なかなかその学びの具体的な形をイメージすることが難しかったんです。今

＊16 ピクサー・アニメーション・スタジオ（Pixar Animation Studio）：アメリカのCGアニメーション制作会社。一九八六年にスティーブ・ジョブズらが共同設立。一九九〇年代後半から「トイ・ストーリー」「カーズ」「カールじいさんの空飛ぶ家」など、ほぼ毎年一本のペースで長編アニメーションをつくり続け、アカデミー賞、ゴールデングローブ賞など、数多くの賞を受賞している。

もまだ探している途中にあるので、これで決まりというものはまだ見つかってないのですが、最近、この学びのイメージとして、二〇世紀半ばに活躍したロシアの思想家であり文芸批評家であるミハイル・バフチン*17のいう、「カーニバル」というものにすごく惹かれているんです。

バフチンは、ドストエフスキーの小説を分析するときに、古代にその端を発し、中世にフランソワ・ラブレーなどが小説の世界でも発展させた「カーニバル」という概念をもちいます。カーニバルとは祭りの非日常的な世界のことです。日常は管理されていた人々が、日常は管理された場である広場に集まります。そして、その管理の場である広場をひっくり返して、非日常的で異常な場をつくりだします。それは、リスキーで、予想がつかない、何が起こるかわからない、怖さすら感じる世界です。

そこでは、ふだんは出会うことのない異質な人どうしが直接ふれ合い、かかわり合います。ふだんは分けられているものが不格好に組み合わせられます。ふだんは境界で生きている人間が突如中心にあらわれます。価値観がひっくり返ります。冠をかぶっている人の冠が奪われたり、ふつうの人に冠がかぶせられたりして権力関係が崩れます。まじめがよしとされていたのが、不まじめがよしとされます。伝統的で正統的なものをふざけてパロディにし、笑い飛ばします。

おかしいと笑い飛ばしているうちに、日常の世界のおかしさが暴露されていきます。そして、今まで権勢を誇っていたものが死に、新しいものが生まれます。自分の考えがゆさぶられ、自分の内面と向かい合わざるを得なくなります。今まで当たり前だった考え方が相対化され、ほんとうにそれでいいのか試されます。じっくり考えられ積み上げられてきたものが、即興的で

＊17　ミハイル・バフチン（Mikhail Mikhailovich Bakhtin 1895-1975）：ロシアの文芸学者、思想家。ラブレーやドストエフスキーなどの小説の分析から、ダイアローグ論、ポリフォニー論、カーニバル論などをうち立てた。その影響は、文学や哲学のみならず、心理学、社会学、教育学など幅広い分野に及ぶ。著書に『ドストエフスキーの詩学』『フランソワ・ラブレーの作品と中世・ルネッサンスの民衆文化』など。

思いつきのものに取って代わられます。

これが、企業や組織に入ったインプロとよく似ている気がするんです。演劇なんて、社会の中では境界線にあるものですが、それが社会の中心である企業に突然登場する。そして、「イルカの調教ゲームをします」みたいな、企業では絶対にありえない、非日常的で異常なことが起こる。やることは、全部答えのないこと。そして、予測のつかない即興的なこと。さらに、それらをからだを動かしてやる。怖さも感じます。

ふだんは、上司と部下の関係にある二人が「私たちは」「森に」「入ります」と言って一緒に物語をつくったりする。ふだんは論理でみんなをねじふせているマネジャーが全然うまくできなかったりする。ふだんは物静かで注目されない人が、即興で演じるシーンで大活躍して、みんなを大爆笑させたりする。笑っているうちに、自分たちの日ごろやっていることのおかしなところが見えてきて、笑えなくなってくる。【ハット】ゲームに熱中しているうちに、ふと、自分はふだん、そこに生きていない、死んでいる人間なんじゃないかと、日常の自分のことを考えざるを得なくなる。このままでいいのかと考えたり、こうしたらいいんじゃないかと何かを思いついたりする。入社時には生き生きと持っていながら、長年の仕事の中で死んでいた自分の思いが突然よみがえったりする。

よくわからないけれど、まずからだを動かしてみる。いつもと違う場だから、思い切りやってみたりする。そのうちに、自分の中から自然発生的にアイディアが生まれて、それがユニークな表現になる。いつもは感じないタイプの快さを感じ、おわったあとにはいつもは感じない疲れを感じたりする。そういったことが、日常固まっているものをゆさぶって崩す。そして、日常に戻ったあと、日常が以前よりもちょっと変わったり、苦しくなくなったりしていく、自分のからだがちょっと主体的になっている、ということが起こっているのかなと思います。

僕はあるときから、インプロ・ワークショップを企業に合わせたかたちでやるのでなく、インプロをそのまま、違和感たっぷりにやるように方針を変えました。そのほうが企業の人たちに大きく根本的なリフレクションをもたらすような気がしています。そのわけが、このバフチンのカーニバルを補助線にすると、ちょっとわかったような気がしたんです。

中原 バフチンの描くカーニバルの非日常性は、日常の秩序・ルールがすべて転倒するような、とてつもない非日常ですね。インプロのそれは、もう少しマイルドな気もしますが、異化の作用を考えるうえで、参考になるところもあると思います。

高尾 確かに、『フランソワ・ラブレー』で描かれているような、グロテスクで激しいカーニバルではないですけどね。ここで大事なポイントは、カーニバルが、自分がそのからだを持ってその場に飛び込んで参加する場であるという点です。みんなが椅子に座ったまま一方向を向いているカーニバルはない。みんなが一人ぼっちでじっとしているカーニバルもない。人々が一つの場に集まって、ふだんの生活ではまったくしないような、からだを動かして人とかかわる活動をする。そして、やっているうちに、心が躍り、飛んだり寝っ転がったりとからだが自然に動きだす。大声を出したりもする。

身体性回復へのまなざし

高尾 もともと近代以前の社会では、こういった非日常的な身体をともなったカーニバルがどの組織、どのコミュニティにも存在していたのだと思います。それが日常をフレッシュにし続けていた。カーニバルという祝祭の場は、日常を続けていくための大きな働きを持っていたのだと思います。それが、近代社会の中でいろいろなものを合理化していくときに、一見、不合理なカーニバル的なものを全部削り落としていった。ノリで動いてしまうような即興的なからだは、予測不可能で統制ができない怖いものだ。人どうしの予定外の直接的な出会いも、ちゃんと計算してつくられた既存の組織を崩してしまう恐れがある。だからそういうものたちを排除した。その結果、変化することのない、リスクのない、管理されたからだと管理された組織が残り、そして息が詰まっていった……。

日常を維持するためにも、ほんとうはカーニバルが必要なんですよね。そのカーニバル的なものがなくなったときに、今の組織やコミュニティは苦しくなってきたのだと思います。だからといって、いまさら会社で宴会や運動会などの以前同様の祭りをやってもみんな参加したがらないし、その効果も疑問でしょう。だから、祭りに代わるカーニバル的なものを人工的にでもつくる必要がある。感覚が鋭い企業は今、そういうものを探しているんでしょうね。

中原 最近は、人文社会科学でも、カーニバルや祝祭という概念が再評価されていますね。おそらく、ソリッドな組織・社会秩序が失われて、それでも、人がつながっていたいと思うとき、あるいは、多忙で日常にどっぷりつかった生活から飛び出したいと思うとき、人々の脳裏には、非日常を演出する文化装置として、カーニバルや祝祭のイメージがわくんでしょうね。僕も、新たな物事を創造したいと願う人々が、集い、相互に刺激し合いながら、学び合うことが、これから、もっともっと出てくるような気がしていて、「祝祭学習論」「祝祭創造論」というものが成立するのではないかと考えています。

高尾　それができたらおもしろいですね。

中原　かつて、学びのメタファは共同体でした。人々がつながり合いながら学ぶ様子を描くメタファに共同体が使われていました。今後はきっと、学習を語るメタファに祝祭、カーニバル、祭りなどが出てくると思います。

さきほど高尾さんがおっしゃった身体性の排除ということでいえば、それは今も加速している最中にあります。あと一〇年経ったら、日本中の五〇％ぐらいの人が情報産業にかかわる企業に勤めるようになるんですよ。常にずっと座ってディスプレイを前にして、目をシバシバさせ、肩を凝らせるような仕事です。そうして、からだを使う活動がどんどんなくなっていきます。

そうであればあるほど、人は身体に対して意識的になるし、自分でもケアしたいと思うようになる。それは、身体を動かすというレベルだけじゃなくて、病気を避け、健康を守るというのも同じなんですけれど、必然的に身体に対する意識は上がるのではないでしょうか。

高度に情報化していく社会は、身体が毀損されやすい、疎外されやすい構造になっているので、そこに対して人は自覚的に守っていこうと思うし、守っていきたいと思う人たちが、ここにきてつながりはじめているように思えます。

高尾　今、生活している環境がどんどんからだを固めていく環境になっていっている。だから、「やわらかいからだ」「やわらかい自分」を回復しなきゃいけないというような意識が出てきているんでしょう。

でも多くの人は、「今いるIT環境を飛び出して山で暮らします」というようには生きられない。だから、部分的ではあれ、固まった自分を一時的にでも崩す、ひびを入れるということをどこかでやっておかないと、というようなことになっている。そのときに、まずからだを動かす。最初は固まっているから、もうギクシャクとして全然動かないのだけれども、からだに任せていくうちにだんだん動きの質が変わっていく。動きの質が変わっていっているときにはやわらかさが少しずつ回復されている。そういうことを生活の中に——全部そうするのは無理なので部分的にでも——入れ込んで、自分をなんとか保つというような、そういうことが出てきているのでしょうね。

表現するからだ——アートとしてのパフォーマンス

中原 ところで、「身体に関する意識の高まり」ということになると、一般には、フィットネスやヨガなどが思い浮かびますよね。一方で、インプロは、これらとは一線を画する活動ではないかと思います。そのあたりはどうなのでしょうか?

高尾 やはり、インプロはアートなんだと思います。からだは動かすけれど、フィットネスやスポーツとは違うところにありますね。インプロや演劇に限らず、アートのいちばんの特色は、価値が多元的だってことだと思うんです。日常の価値観で並んでいるものを一度バラバラにするんですよね。一度バラバラにして並べたけれど、別にそういう並べ方じゃなくてもいい。いくらでもその並べ方をつくることができるっていうところがある。こういう見方だとこれもおもしろいよね、というようなことが出せるのが、アートのいちばん強いところだと思います。

中原　僕は月に四、五回、美術館に行くんです。それが全部、現代アートなんですよ。その理由を僕はすごく自覚しているんです。僕はね、自分を壊してほしいんです。自分をゆさぶってほしい。ともすれば、凝り固まってしまう僕自身の思考の枠組みや、僕自身のステレオタイプを、アートにゆさぶってほしいのですね。もちろん、現代アートといってもほんとうに多種多様ですから、作品を見ていても——これは僕の鑑識眼の問題かもしれないんですけれど——もう九割がたが「わからない」っていうときもけっこうあるんですよ。床の真ん中に石が五つくらい置いてあって「無題」「Untitled」とやられても、さっぱりわかりません（笑）。上から下まで黒ずくめの人たちが会場のど真ん中で踊っていても、なにがなんだか、さっぱりわかんない。でも、そういう作品の中にもどこか惹かれるものがある。そんなに真剣に作品一つ一つと対峙しているわけではないのだけれど、ふらふら会場を歩きまわって時間を過ごしているんです。

現代アートって、ごくごくまれに、思いもよらなかった方向から迫ってくるものがあるじゃないですか。例えば、デュシャン[*18]の「泉」とかもそうですけど、「これがアートなのか！」みたいな衝撃が起こる。「オマエは、何をアートだと思っていたんだい？　オマエがアートだと思っていた、その思考の枠組みは、正しいのかい？」と迫ってくる。ジャンルでいうと、コンセプチュアルアート[*19]というのでしょうかね。そうすると、僕はもう、自分がどんどんダメになっているっていうか、ほっとけばどんどんあたまが固くなってしまうということを突きつけられるんです。ある程度歳をとると人から批判されなくなりますよね。年齢が上がっていって、役職も上がっていけばいくほど、周りの人は何も言わなくなるでしょう。俗に「人は無能になるまで成長する」と言いますが、僕はそこはすごく自覚的なんですよ。だから、自分に刃を突

＊18　マルセル・デュシャン（Marcel Duchamp 1887-1968）：フランスの美術家。伝統的な芸術を否定する数々の芸術的試みによって現代アートに大きな影響を与えた。『泉』は、男子用小便器に「R. Mutt」という署名を施したもの。

＊19　コンセプチュアルアート：一九六〇年代以降の現代アートの潮流の一つで、記号・文字・パフォーマンスなどによる表現をめざし、思想性や観念性を重視する。

きつけてくるものを見に行く。

もう一つ、現代アートの会場に行って楽しいのは、そういうところに行くと、いい顔してる人がいるんですよ。生き生きした顔でそれを見ている人が必ずいる。こいつできそうだなとか、こいつ楽しんでるなって、作品に向き合っているんです。参加型アート展だったりすると、そこで来場者どうしのインタラクションもありますよね。一般的な会場で直接話しかけることはほぼありませんが、家に帰ってきてブログを見たりすると、「ああ、みんなこうやって見てたんだ！」というような、ある種のつながり感が出てくる。今のこの世界を同じようなメンタリティで生きている人たちとのつながり感が、アートを介在して見えてくる。僕が数ある美術の中で、現代アートとかコンテンポラリーなパフォーミングアーツに興味を持つのはこういうところにあるんです。

高尾　これもバフチンとかぶってくる話なんですが、バフチンが若かった時代はロシア・アバンギャルド[*20]の時代なんですよね。あの時代のアーティストたちは「芸術に死を」とかって言って、それまでのアートに対してものすごく攻撃的になっていくんだけれど、何に対して批判したかというと、結局「守る芸術」を批判していたんですね。自分の流派を守ったり、パトロンであるお金持ちを守ったり、社会の現状を肯定したりするものとか、そういうものを批判している。変えようと思ったわけです。「変える芸術」だし、現状のものを批判する芸術だし、現状に対して「おかしい、それは違うのではないか」と主張する芸術をつくろうとした。そのやり方はいろいろで、暴力的な出方をしたり、パロディ的な出方をしたりしたんです。

おもしろいのは、彼らはそういうように批判的になろうとしたのと同時に、協働したんです

＊20　ロシア・アバンギャルド：一九一〇代から二〇年代にかけて、帝政ロシア、革命後のソビエトで起こった前衛的な芸術運動。文学、音楽、美術、建築、演劇、映像などさまざまな分野の芸術が、その枠を越えて混ざり合いながら、実験的な創造活動をおこなっていった。アバンギャルドとは、前衛、前衛芸術の意味。

よね。違う芸術ジャンルの人どうしで混ざろうとしたんです。一人でこもって、自分のご主人様の顔だけ見てつくるのをやめた。違う人とコラボレーションしたり、違う人とやることによって、自分が今までやったことのないことをやってみようとした。

協働ということに関していうと、バフチンにはポリフォニーという概念もあって、僕はこれにも注目しているんです。それは、真実は一つに決まっていないし、自分も一つに決まっていない。真実は人と人との対話とかかわり合いの中で生まれていくもの。自分も人との対話とかかわり合いの中でつくられていくもの。それは、完成することのない、終わることのない探究なんだという考え方です。これが正しいんだ、自分はこうなんだと固めてしまわずに、人とかかわりながら、終わることなく常につくりかえ続けていこう。そういう学びこそが、パフォーマティブ・ラーニングだと思っているんです。

アバンギャルドということでいえば、作品を他者と協働してつくりあげるということ自体が今までにない実験的で先進的なもの、まさに前衛だったんですね。だから、その意味からしてもインプロはアバンギャルド的ですね。

中原　そういうことも関係しているんでしょうけれども、現代アートって、これ行ったら絶対当たるってものじゃないんですよね。自分に刺さる場合も、そうでない場合もある。でも、たまにフィットするものがあったときに、ものすごく夢中になれる瞬間がある。だから、現場にからだを運んでいって、からだごと向き合ってみないとわからないんです。インプロにも同じところがあるんじゃないですか？　これやれば必ずこういうことが起こりますというインプロって、インプロじゃないっていうか……。

高尾　キース・ジョンストンは、インプロをどうやって教えたらいいかがわかったら、もう教えるのをやめるって言ってます。実際、彼は変わるんですよ、毎年会う度に。もう七八歳だけれど。彼も言うんですが、アバンギャルドって、黒ずくめの人たちが不思議な踊りを踊っているからといってアバンギャルドだというわけじゃないんですよね。最初はアバンギャルドだったでしょう。でも、もし、誰かがそうやって踊っていたのを見て「あ、これ新しい！」って思ってそれをそのまままねしていたら、それはもはやアバンギャルドじゃなくて保守なんですよ。
　逆説的ではあるけれど、インプロも含めて現代アートは、消費と再生産の市場に取り込まれる危機、保守化の危機とは常に隣り合わせの関係にあります。パフォーマティブ・ラーニングを組織改革という文脈で考えるときにも、必ずこの問題と向き合わなければならなくなるだろうと思っています。
　そういう問題はあるにせよ、この世界でふつうに生活して生きているということは、だんだん固まっていってしまうということなのだから、クリエイティビティを求めたり、次の世界に向かうためには、それを壊さなきゃいけない。自然にあるものでも、人工的につくられたものでもいいから、そういうものを取り込まなきゃいけないっていうことでしょう。僕たち現代人は、戦略的にでもそうする必要がある。
中原　そのときに、前衛的なアートにしても、絵画や彫刻、音楽や文学などのいろいろなジャンルがあるけれど、インプロやダンスのようなパフォーミングアーツって、不思議ですよね。筆や楽器などの道具を使わない、自分のナマの肉体そのものを使うものだから、そういう意味ではいちばん近いんだけど、日常そういう使い方でからだを使わないということでは、かなり遠いものだともいえる。ダンスとか演劇とか、一般的な大人からしてみたら、最も遠いところにある感じがしますよね。

高尾　そうですよね。メディアとしてみると、ある程度の熟達が必要な楽器などに比べると身体は近いというか、自分そのものなんだけれども、音楽や絵画などの芸術と比べて、ものすごく縁遠い存在になっていますよね。

中原　子どものときはそうじゃなかったはずですけどね。小さい子って、なにかというとすぐ踊るしね。なんとかごっことか、人前でもどんどん演じちゃう。うちの息子は、一日中、演じていますよ。ぶつぶつ言って、人形で遊んでいたり、そうかと思うと、ごっこ遊びに興じている。

高尾　小学校の高学年くらいから急激に遠くなっていきますね。自分の身体をメディアにした表現について人から批判されると、それは自分自身を脅かすんですよ、根本から。絵を描くときの筆とか楽器も拡張身体[*21]だから、自分の絵や演奏を批判されたりしても、多少はナマの自分がけなされたみたいになりますが、からだの場合はそれがストレートにくる。

大人に近づくと、小説や映画、詩など、あたまを使って、言葉のロジックで事前に準備ができるアートを好むようになっていきますね。音楽やダンス、演劇であっても、事前に作曲し、振り付けし、脚本を書く。やっぱりからだは出たとこ勝負で、コントロールしにくいんですよ、いつも一緒にいる自分のからだであっても。

日常をゆさぶる「愉しくて、あやしい」活動の場を広げる

中原　最後に、イノベーションのことにふれておきたいと思います。イノベーションということに

＊21　拡張身体：テクノロジーやメディアは人間の身体の「拡張」であるというもの。カナダの文明批評家マーシャル・マクルーハン（Herbert Marshall McLuhan 1911-1980）が主張。

なりますと、これまで多くの研究知見がありますね。イノベーションを生みだすリソースになるものは、古今東西、昔からずっと議論されています。制度によってイノベーションを生みだそうとする制度アプローチ、マネジメントや組織のあり方などを変えようとする組織・マネジメントアプローチ、そして、クリエイティブな個人の資質を開発しようとする個人アプローチなど、さまざまなアプローチからさまざまなことがいわれています。この中でも、最も研究しつくされてきたのは、組織・マネジメントアプローチでしょうか。そこでは、結局、イノベーションを生みだすために、組織の中でリーダーが創造的な摩擦を生みださなくてはならない。職場のマネジャーが、自分の職場に「ゆらぎ」や「ゆさぶり」を生みださなくてはならない……など、といったことがいわれています。

イノベーションの議論は多種多様で、そこで唱えられている概念も、いろいろなものがありますが、僕の目から見て確かだと思われることは次の二点に絞られます。

まず第一に、イノベーションとは「結果論」であるということです。唯一確実なイノベーションの処方箋などは存在しない。それは経済合理性を離れたところで、既存のオペレーションを破壊してしまうくらいの革新性あふれるアイディアなのですから、そんなものがきちんと計画されたりするわけがありません。とはいえ、全くヒントがないわけではない。それが第二のポイントと結びつくのですが、結局、イノベーションの源泉は、「葛藤」「矛盾」「違和感」といったものだということです。日常を離れ、違和感を感じる活動を、いかに組み立て、それとどのように向き合い、知恵を絞るかということですね。さきほどの組織・マネジメントアプローチでは、組織や職場に摩擦・ゆらぎ・ゆさぶりを与えるのは、マネジメント層、職場のリーダーということになるのでしょうが、ここにインプロが位置づく可能性は、ゼロではないですよね。それを組織でやってもいいし、組織外にそういう学習機会が広がっていて、個人として、そこに参加するのでもよい。日常をぶち破る「愉しくてあやしい」活動の場が、いわば「祭りの縁日」みたいに社会に雑多にあるような状況ができてくればいいな、と思います。

高尾　そうですね。今までの組織では合理的でないといって排除されていた、例えば「あそび」や「おかしさ」を取り込んでみる。そうすると、「あそび」が余裕という意味の「あそび」に転化したり、「おかしさ」が何かおかしいことに気づく批判性という意味の「おかしさ」に転化したりして、組織の日常が変質していく。そういった合理性を越えたものからの日常への跳ね返りがイノベーションにつながっていくかもしれませんね。

イノベイティブな組織をめざして

高尾　イノベーションが「こうすれば確実に起きる」といったふうには起きないというのはほんとうにそうだと思います。僕はインプロ公演で舞台に立っていますが、僕たちにとってインプロでいい演劇をつくるということは、まさにイノベーションなんです。なにせ即興ですから、確実にいいものをつくることはできない。逆にもし確実にいいものがつくれるようになったら、おそらく僕のインプロへの興味は失われてしまって、インプロを引退してしまうでしょう。僕たちもお客さんも奇跡が起きるのを待っていますし、その奇跡を味わうのがインプロの醍醐味です。

もちろん「即興でやってもいいものなんかできやしない」とインプロをすること自体をやめ

てしまえば、奇跡は起きません。しかしその一方で、ただやみくもにたくさんやればいつか奇跡は起きるのかというと、確かに何もしないよりは可能性がありますが、やはり奇跡はなかなか起きないと思います。僕たちは奇跡を確実に起こすことはできない。けれども、より奇跡が起きやすくするためにできることがあるのではないか。そう考えて、個人の状態をどうするか、集団内の関係をどうするか、観客との関係をどうするか、環境をどうするかといったさまざまなことを常に考えています。

中原 それでは、そのミラクルが起きる、その可能性を高めるために高尾さんが考えて、実践していることをご紹介いただいて、この対談をしめくくることにしましょう。

高尾 インプロで奇跡が起きやすくなるために、第一に考えていることはメンバー構成です。メンバーがあまりに同質的だと触発が起こりませんし、補い合うこともできません。僕のインプログループ「即興実験学校」の公演メンバーでも、俳優だけでなく、お笑い芸人や会社員、学生など、さまざまな人たちに集まってもらっています。インプロの経験も一、二年から一〇年以上と幅があります。アイディアを出すことが得意、シリアスな演技が得意、まとめることが得意など、得意なこともそれぞれに違います。ただもちろん、誰でも彼でも集めればいいというわけではありません。全員が共通して持っている資質は「仲間にいい時間を与えることができる」ということです。この公演のプロデューサーでもある私が、この人と一緒に仕事がしたいという人に個別に声をかけ、集まったメンバーです。ですから、集まって稽古をしたり、公演をしたりすること自体がとても楽しいです。

第二は、いい失敗のしかたをするということです。これはさきほど、「失敗の実験室」のところでお話しさせていただきました。即興ですから、うまくいくことより失敗することのほうが多いです。しかしリスクを取らないと奇跡は生まれません。いい失敗のしかたを学んで、リスクを取りやすい雰囲気をつくっています。

第三に、新しいチャレンジをいつも取り入れることとです。オスカー・ワイルド[*22]は「自由は創造性の敵」と言っていたそうです。自由になんでもやっていいとなると、逆に何をやっていいかわからなくなって不自由になる。でも、ある制約が与えられると、その中で何ができるだろうと、かえっていろんな発想が浮かんできたりする。その意味ではインプロのゲームは創造のための制約です。インプロも続けてやっていると慣れてしまって、新鮮味がなくなり、新しいものが生まれなくなってしまいます。そのために、新しい形式にチャレンジしたり、新しい場所でやってみたり、今の僕たちにはできないが、もうちょっとやるとできそうなチャレンジをいつも探して、稽古や本番に取り入れています。いいチャレンジをチームで共有できているときには、それが、チームの創造性をさらに引き出すための制約として働いているように思います。

第四に、常に外部の風を入れるなどして、関係を固めてしまわないことです。僕は「即興実験学校」で主宰をしていますが、稽古をしていても、どうしても僕が中心になってしまい、僕がいいと思うか悪いと思うかをメンバーが気にするようになったりします。この固まった権力関係は、創造性にとってとても有害だと思っています。かといって、誰もリーダーシップを取らなければ前に進んでいきません。コミュニケーションにおいて、権力関係をなくすということは、誰もリーダーシップを取らないことではなくて、誰もが交互に同じぐらいずつリーダー

＊22　オスカー・ワイルド（Oscar Wilde 1854-1900）：アイルランドの作家、詩人、劇作家。代表作に『サロメ』『幸福な王子』など。

シップを取ることだと思います。そこで、外部にインプロを学びに行ったり、外部から先生をグループに呼んできてワークショップをしてもらったりすることで、今まで教師のようになっていた僕がうまくできない生徒になったり、今まで生徒だった人が外で学んできたことを持ち込んで教師のようになったり、交互にリーダーシップが取れるようにしたいと思っています。もちろん【ワンワード】のようなリーダーシップの共有を学ぶゲームをやったりしますし、【ステータス】で学んだことを、チーム内のコミュニケーションについて考えるときに使ったりします。

第五にメンバーどうし、正直でいいフィードバックを与え合うことです。公演がおわったあとにはいつもメンバー全員で集まってふりかえりをしていますが、そこには三つのルールがあります。「一五分以内にする」「思ったまま、感じたままを言う」「議論しない」です。公演がおわったあと、長くふりかえりをすると、自分を正当化するための議論になりがちで、もうふりかえりをしたくなくなります。また、ほんとうはよくないと思ったのに気を遣って「でも、よかったよ」と言ったり、ほんとうはいいと思ったのに、それを認めてしまうと自分の立場が危うくなるからと細かいところをあげつらったりしていると、どのフィードバックを信じていいかわからなくなります。やってみたことに対して、いいと思ったのか、よくないと思ったのか、正直なフィードバックを感情抜きで情報として与え合うことができれば、いいと言われたことを続け、よくないと言われたことを変えて、どんどんよくなっていくことができます。お互いに【イルカの調教】をし合い、【次、何しますか】[*23]の「イヤッ」を言い合っている状態になります。

＊23　第3章【次、何しますか】(p.187) 参照。

第六に、メンバーが笑顔で楽しそうかどうかを見るということです。これはメンバーの娯楽のためにやっていることではありません。笑顔であるとき、楽しいときのほうが、スポンテイニアスな状態になりやすいからです。また、楽しいときは多くのことを学べる状態です。みんながスポンテイニアスで、学び合っているときには、イノベーションが起こりやすいように思います。ただし、ただ笑顔であればいいというわけではありません。笑顔の質も観察していきます。笑顔であっても、もし目が細目になっていたり、顔の筋肉が緊張していたりするときには、恐怖を感じているけれどもそれをごまかしている状態かもしれません。表情はほんとうによく観察していて、もし笑顔がなくなっていたら、何かを変えなければと考えます。

そして第七に、お客さんとの関係性をつくり変えることです。お客さんは演劇というパフォーマンスを創造するためにはなくてはならないものです。まず、表現したものを観てもらうことが私たちの創造の大きなモチベーションになっています。また、お客さんの反応から僕たちは多くのことを学びます。インプロのお客さんは、エンターテイメント・サービスの単なる消費者ではありません。僕たちの創造の場をつくってくれる人ですし、どうすればいいかを教えてくれる人ですし、いいものができるよう励ましてくれる人ですし、いいものができたときに一緒に喜んでくれる人です。お客さんとそのような関係を構築できたときに、僕たちは変わっていけますし、お客さんも変わっていっていると思いますし、そうすると奇跡が起こりやすくなるように思います。

他にも、僕たちにとってのイノベーションである、いい演劇を生みだしやすくする要素はいろいろあると思います。また今まであげたこともまだまだ発展途上の段階です。ただ、こういったお話をインプロ以外の人にさせていただくと、意外にイノベーションのヒントになると言ってもらえることがあります。おそらく自分が現在かかわっていることとまったく別のものを見ることが、今の自分や自分の組織についてのふりかえりをより駆動させてくれることがあるのだと思います。また、インプロにたずさわる僕たちは創造性それ自体について、よく話したり、検討したりしますが、多くの人たちにとっては、仕事の内容のことで忙しく、そのベースになる創造性について取り出してきて話すことは少ないでしょうから、インプロにふれることがそのきっかけになるのかもしれません。また、インプロ・ワークショップは話を聞くだけでなく、実際にからだを使ってやってみますから、そこでのふりかえりもより強く深いものになるでしょう。

インプロやパフォーミングアーツ、パフォーマティブ・ラーニングがイノベーションに対して持つ可能性はまだまだ未知数だと思いますが、僕は、今のままの状況から何かを変えたいと思っている人たちとかかわり合いながら、この可能性をさらに探っていきたいと思っています。

※二〇一一年七月一六日の東京大学駒場キャンパスにおける公開対談、および同年一〇月一一日に東京大学中原淳研究室にて実施した対談をもとに加筆、再構成しています。

おわりに

私が働く小さな場所から

社会人は矛盾の中を生きています。

組織の言うことすべてにしたがって生きていたら、自由がなくなり、自分が壊れてしまいます。しかし、自分が自由になるべく組織に刃向かい、組織を破壊してしまったら、今度は自分の居場所がなくなってしまいます。組織にしたがうでもなく、組織を壊すのでもない道を探らなければなりません。私は、これを連立方程式のイメージでとらえています。現代、組織に生きる人間は常に、同時に複数の式を満たす解を探さなくてはなりません。この組織で、今の自分の立場でできることを。組織に利益をもたらしつつ、かかわる人の要望に応えつつ、一方で自分の魂を売り渡さない、そんな解を。

この連立方程式を解こうとした人は、実は過去にもいました。

私が思い浮かべるのは、アーツ・アンド・クラフツの人たちです。アーツ・アンド・クラフツはイギリス人ウィリアム・モリスがはじめた一九世紀後半からの労働と芸術にかかわる運動です。

時は産業革命後の時代です。物をつくることの機械化がどんどん進行していきました。機械を使えば、たくさんの物を生みだすことができる。しかし、その物たちが私たちの生活を豊かにしない。また、機械化が進めば進むほど、物をつくる人たちのからだもどんどん機械のようになってくる。かといって、機械を全部壊して否定することもできない。物をつくっていくことと、私たちの生活を豊かにすること。その両方の式を満たす解はないのか。

この連立方程式を解くためにアーツ・アンド・クラフツの人たちは何をしたのでしょうか。彼らは、働く場を見直すことからはじめました。働く場を見直すことは、その環境、そこにいる人、関係を見直すことでした。働く場が、人のからだを物にすることがないように、人の主体性を奪わないようにすることを考えました。そして、働く場が豊かになれば、働く人も豊かになり、人々の関係も豊かになり、生みだされる物も豊かなものになると考えました。

この働く場のことを、英語ではワークショップ（workshop）と呼びます。ワーク（work）は仕事です。ショップ（shop）は、語源的には「小さい場所」という意味です（「小さなお店」という意味は、のちに派生的に出てきました）。働くための小さな場所。それが、もともとの意味のワークショップです。

アーツ・アンド・クラフツは、働く場＝ワークショップをさまざまな人々が集まって創造的にかかわり合う空間にすることで、連立方程式の解を出そうとしました。そして、それを実現させるために、芸術というものをはさみこむことを試みました。工芸でもありながら、芸術でもあるもの。その両義的なものをつくることをめざしました。そして、芸術的にも優れた家具などの生活用品をつくりだしていきました。これは、芸術と社会のつながりを考えること、つまりデザインのはじまりともいわれています。

自分を変え、社会を変えていくことは、私が働くこの小さな場所を変えることからはじまる。これが、ワークショップの起源ではないかと私は思っています。今、いたるところでおこなわれるようになり、企業研修などにも入ってきているワークショップ。これは実は一〇〇年以上まえの働く場の見直しからはじまっているのです。

これが、さまざまなジャンルの芸術家が一つの工房＝ワークショップに集まり、刺激し合いながらさまざまな作品を創造していった芸術運動、ロシア・アバンギャルドにつながっていくのは、第4章でお話ししたとおりです。同じようなことはヨーロッパでの芸術運動でも起こりました。そして、これらの芸術運動は、やがて、子どもの創造性をお手本にしたり、教育すること、学ぶことをとても重視するようになりました。しかし、この流れは戦争の時代に突入することで断絶されてしまいました。

このときに残された課題。それが今、再び浮上してきている。ワークショップが盛んになっている現在の状況を私はこのように見ています。

この本で扱っていることも、このワークショップの草創期の人たちが考えていたことと問題意識を共有していると思います。個人が自由で豊かに生きることと、組織や社会が豊かに発展していくこと、その二つの解を満たすために、私たちも芸術の知恵を借りようと考えています。遊ぶことや楽しむことと、働くことの二つの解を満たすためにインプロの力を借りようとしています。

まだまだ、この連立方程式の解をしっかりとはつかめてはいないように思います。しかし今回、この本を書きながら少しわかってきたことがあります。この連立方程式の解は、一人でじっと考えていてもみつからないことを。他の人たちと一緒にからだを動かし、行動していく中で、解がつくられていくということを。

私はこれからも、インプロのワークショップで、さまざまな人たちと一緒にからだを動かしながら考えていくことで、この解をみんなでつくっていけたらと思っています。そして、これが実現したときに、行動という意味のパフォーマンスは、成果という意味のパフォーマンスと統合され、一つのものになるのではないかと思っています。

二〇一二年二月六日　この本の執筆のためにいつも長居をさせてもらったコーヒーショップにて

高尾　隆

矛盾と葛藤の渦巻く世界を愉しむ

変化に富む現代において、組織の中で人材をマネジメントすることとは、「矛盾を抱えて生きること」であると、僕は思います。

若くてフレッシュな考えやアイディアを持つ個人を、組織に新たに迎え入れるときには、彼らに対して、組織の価値観・思考形式、組織内でもちいられている用語を獲得させなければなりません。これは、ひと言で言えば、「組織に染める」作業です。

しかし、一方で私たちは、それとは「相反」する作業のことを、常にあたまの中に思い浮かべておく必要があります。

外部環境の変化、顧客のニーズの変化に応じて、新しい製品やサービスを創り出していくためには、「組織に染まりきらない思考」が、どうしても必要になります。

既存の事業を支える固定化された物の考え方、すでにルーチン化しているあり方に疑いを持つ目。そうした思考、そうした思考を有する個人を大切にしなくては、外部環境に適応していくことはできません。ここで必要なものは「革新的な行為・思考」です。

一方の手で「組織に染めること」をしながら、もう片方の手では「革新を求める」。その状況は、まさにトレードオフの関係にあります。つまり、一般的にはあっちが立てば、こっちが立たない。こうした状況を、人は「矛盾」と形容するのでしょう。

もちろん、組織の中の一人のマネジャーが「組織に染める作業」と「革新を求めること」を同時に為すことはできませんので、段階を分けたり、複数人で役割を分担して、実施されているのが実際です。

しかし、より中長期かつマクロな立場から、組織の中で、人に対して何がおこなわれているかを見通すとき、この「矛盾を抱えて」苦闘している人々の姿が、僕の目には浮かぶのです。この苦闘に「終わり」はありません。おそらく、ただ一つ為しうることは、両方の手でそれぞれ為していることの「均衡」が崩れないように、そのつどそのつど、状況を見極め、時に内省し、両手を動かすこと、行為することでしょう。かくして、私たちは、今日も「矛盾を抱えて生きる」のです。

本書において、僕がめざしたのは、インプロやパフォーマンスを、組織の中の「おわりのない矛盾」「組織に染めることと革新を求めることの亀裂」の中に位置づけることでした。そして、それゆえに、組織の中でインプロをおこなうことが、そもそも「葛藤を生みだす可能性のある行為」であることを描きだすことでした。

それがどの程度成功したかどうかは読者の判断にお任せしますが、それが「組織の中の矛盾」に位置づき、「葛藤を生みだす可能性のある行為」であるからこそ、「私たちを支配する日常」、「私たちが心地よさを感じてしまう予定調和」が崩れる可能性があるのです。

一般に、人は、「安定」を願う生き物です。つまり、昨日のように、明日もかくありたい。だからこそ、通常は「矛盾」や「葛藤」は、忌み嫌われるはずです。

しかし本書で見てきたように、「矛盾」や「葛藤」は、常に「ネガティブなもの」とは限りません。「矛盾」や「葛藤」は、新たな物事が生まれでる「スタート地点」にもなりうるのだ。そして、その先には「安定」が拓けている。否、ほんとうの意味で「安定」を求めるのならば、矛盾・葛藤・変化の中にこそ身を置くべきなのだ。僕は、そう信じています。

＊

最後に本書の執筆をふりかえります。「はじめに」で共著者の高尾さんが述べたように、本書は、大学の学部時代をともに過ごし、それから、別々の道を歩みはじめた僕たちが、十数年の時を経て、また出会ったところから生まれたものです。

意気投合した僕たちが、舘野泰一君・牧村真帆さん・安斎勇樹君ら、東京大学大学院の大学院生の助けを借りて、大学でインプロのワークショップを実施しました。そこでの機会が、別の場でのワークショップにつながり、行為を重ねるうちに、数年がたちました。

本書は、ここまで二人がさまざまなかたちで行為し、思索してきたことの、現段階での「解」のように思います。

今回の執筆は、僕にとって、ここ数年で取り組んできた原稿の中で、最もチャレンジングなものでした。高尾さんとは異なり、僕は、これまで自分の研究や実践の中で、身体やパフォーマンスの問題を扱ったことはありませんでした。僕が専門としてきたのは、身体というよりは、認知です。身体論などを読んだのは、大学院生のころの、ごくわずかな書籍をとおしてしかありません。

本書を執筆するにあたり、まずは、インプロ、パフォーマンス、身体論、演劇論について、ゼロから勉強することからはじまりました。僕は専門家ではないので、誤読も多々あると思います。また、ディテールに対して深い理解が得られたかと問われると、心許ない部分もあります。

しかし、一方で、インプロ・パフォーマンス・身体論・演劇論を専門となさっている方が、ふだんは考えないことに、取り組んだつもりです。経営・組織・学習といった観点から、それらの論考のエッセンスになると思われる部分を抽出し、それを「組織のコンテキスト」に位置づけることをめざしました。かくして生まれたのが第2章です。短い原稿で、かつ、大胆なことは何一つ言っていない「地味な原稿」ですが、お愉しみいただけると幸いです。

しかし、身体の問題には手を焼きましたが、本書を執筆していて、いくつかの「光明」を感じたことも、また事実です。身体の問題は、従来の組織論や経営学習論においてあまり語られていない、ということに僕は気づきました。もちろん、テーラーシステムの確立、生産性の問題、あるいは、労働疎外・搾取、徒弟制における技の伝承の観点からの論考は存在します。しかし、クリエィティビティ・イノベーション・組織開発といった、現代の組織が課題として掲げている観点から、身体の問題を扱った論考は、あまり多くはありません。本書の執筆をとおして、そうした研究が、今後、増えてくるのではないか、という予感と期待を持つことができました。

本書で僕たちが取り組んだ原稿は、ここ数年の、僕たちの社会的実践の蓄積の果てに生まれた、現段階での僕たちの「地図」です。これらの「地図に描かれた模様」は、きっと、そう遠くない未来に「変化」することでしょう。

いいえ、僕たち自身の成長のためにも、それぞれの研究の発展のためにも、ひいては「学び」にかかわる社会的実践の、さらなる展開のためにも、そうでなければならないのです。その日が、きっと来ることを、僕は信じています。

最後になりますが、編集の労をとってくださった石戸谷直紀さん、東京大学大学院の園部友里恵さん、株式会社瀬戸内海放送の加藤宏一郎社長、ここまで読み進めていただいた読者の方々に、心より感謝いたします。ありがとうございました。

二〇一二年二月三日　早朝、まだ暗闇の本郷にて

中原　淳

◉編著者紹介

高尾　隆（たかお・たかし）

東京学芸大学芸術・スポーツ科学系音楽・演劇講座演劇分野准教授。博士（社会学）。1974年、島根県松江市生まれ。1998年、東京大学文学部行動文化学科社会心理学専修課程卒業。2004年、一橋大学大学院社会学研究科総合社会科学専攻博士課程修了。一橋大学学生支援センター専任講師、東京学芸大学特任准教授等を経て、2010年より現職。

専門は演劇教育、インプロ（即興演劇）。大学での授業の他、杉並区の公共劇場「座・高円寺」をはじめ、学校、劇場、企業、地域、福祉施設などにおいてインプロ・ワークショップを実践している。自らが主宰するインプログループ「即興実験学校」では、ワークショップをおこなうかたわら、舞台にも立つ。

著書に『インプロ教育：即興演劇は創造性を育てるか？』（フィルムアート社）、『学校という劇場から』（論創社、共著）、『ドラマ教育入門』（図書文化社、共著）、『日常を変える！クリエイティヴ・アクション』（フィルムアート社、共著）など。

ウェブサイト：どみんごラボ（http://domingolabo.net/）

Twitter ID：takaotakashi

中原　淳（なかはら・じゅん）

東京大学大学総合教育研究センター准教授。博士（人間科学）。1975年、北海道旭川市生まれ。1998年、東京大学教育学部総合教育科学科学校教育学コース卒業。2001年、大阪大学大学院人間科学研究科教育学専攻教育システム工学講座博士後期課程中途退学。メディア教育開発センター（現・放送大学）、米国・マサチューセッツ工科大学客員研究員等を経て、2006年より現職。東京大学大学院学際情報学府准教授（兼任）。

専門は経営学習論（Management Learning）。「大人の学びを科学する」をテーマに、企業・組織における人々の学習・コミュニケーション・リーダーシップについて研究している。Learning barをはじめとして、各種のワークショップをプロデュースする。特定非営利活動法人Educe Technologies副代表理事、特定非営利活動法人カタリバ理事。

著書に『職場学習論』（東京大学出版会）、『知がめぐり、人がつながる場のデザイン』（英治出版）、『職場学習の探究』（生産性出版）、『企業内人材育成入門』（ダイヤモンド社、共編著）、『ダイアローグ 対話する組織』（ダイヤモンド社、共編著）、「リフレクティブ・マネジャー」（光文社、共編著）など。

ブログ：NAKAHARA-LAB.NET（http://www.nakahara-lab.net/）

Twitter ID：nakaharajun

Learning × Performance
インプロする組織
予定調和を超え、日常をゆさぶる

2012年3月30日　第1刷発行

編著者　高尾　隆・中原　淳

発行者　株式会社　三省堂
代表者　北口克彦

発行所　株式会社　三省堂
〒101-8371　東京都千代田区三崎町二丁目22番14号
電話　編集（03）3230-9411
営業（03）3230-9412
振替口座　00160-5-54300
http://www.sanseido.co.jp/

印刷所　三省堂印刷株式会社

落丁本・乱丁本はお取り替えいたします
〈インプロする組織・256pp.〉

ISBN978-4-385-36563-3